U0850979

成就亿万富豪的推手

床垫教父

BEDDING FATHER

陈燕木

杨艾俐 著

南方日报出版社
NANFANG DAILY PRESS
中国·广州

图书在版编目（CIP）数据

床垫教父陈燕木 / 杨艾俐著. — 广州 ：南方日报出版社，2015.3

ISBN 978-7-5491-1219-7

Ⅰ. ①床… Ⅱ. ①杨… Ⅲ. ①陈燕木—传记 Ⅳ. ①K825.38

中国版本图书馆 CIP 数据核字(2015)第 033794 号

CHAUNGDIAN JIAOFU　CHEN YANMU

床垫教父陈燕木

著　　者：杨艾俐

出版发行：南方日报出版社

地　　址：广州市广州大道中 289 号

责任编辑：阮清钰　郑　颖

装帧设计：书窗设计

责任技编：王　兰

责任校对：阮昌汉

经　　销：全国新华书店

印　　刷：广州市岭美彩印有限公司

开　　本：889mm×1194mm　1/16

印　　张：15.375　彩插：0.625

字　　数：210 千字

版　　次：2015 年 3 月第 1 版

印　　次：2015 年 3 月第 1 次印刷

定　　价：45.00 元

投稿热线：（020）87373998-8503　读者热线：（020）87373998-8502

网址：http://www.nanfangdaily.com.cn/press　http://www.southcn.com/ebook

发现印装质量问题，影响阅读，请与承印厂联系调换。

床垫世家——燕木全家福，代代卓越（前排左一为陈燕木）

燕木的故乡——兰阳平原，鱼米之乡

1

3

2

4

5

6

1. 阿木父母来铁路技校探望
2. 陈燕木、黄喜贞于1980年1月31日结婚
3. 陈家父子，冠宇（左）冠翰（右）
4. 得到MBA TOP10优等论文的燕木
5. 燕木大孙女名郁，聪明伶俐
6. 燕木小孙女名晞，活泼可爱

温馨的一家，幸福的一家

1

2

3

4

中国家协第一届理事长 陈鼎新

中国家协第二、三、四届理事长 贾清文

中国家协第五届理事长 朱长岭

5

1. 台湾运时通经营团队
2. 运时通国际团队
3. 美国威克莱Wickline Bedding经营团队
4. 运时通是我家，我爱我家，我们是一家人
5. 燕木与历届中国家协理事长皆为好友

1

2

3

4

5

1. 台湾企业导师江丙坤博士，为床垫教父点灯引路
2. 亚洲（原亚太）家具联合会年会
3. 世界家具协会巴黎会议
4. 连战颁奖，肯定台湾家具协会理监事团队
5. 中国家居品牌联盟，六星领军

6

7

8

6. 中国品牌一条心，联盟兄弟齐打拼
7. 国际睡眠研发院，健康睡眠守护者
8. 研发院得到各界领导的支持与认同

梅里主峰卡瓦格博——陈宝光摄

序一

成功者的秘籍与足迹

海峡两岸交流基金会（海基会）　前财团法人、董事长
现任台湾经济研究院　董事长

江丙坤

我认识燕木兄将近三十年了，当时他是台湾家具公会的理事，是一个充满干劲、思维敏捷，又有行动力的台湾青年企业家。1997年开始，燕木兄众望所归，连任两届台湾区家具公会理事长时，与“国贸局”“外贸协会”等许多产业联盟，为台湾家具产业在世界家具舞台上发光发亮，扮演了很重要的平台角色，可以说当时是台湾家具业成长过程中很重要的具有里程碑意义的年代。特别是，燕木兄举办的“买家之夜（Buyer Night）”，吸引很多国外买主及业者的参与，带领家具产业未来的发展方向，制定共同愿景，创造产业价值链（Industry Value Chain）以提升产品的附加价值，为更多的家具厂商创造无穷的获利机会。2003年，燕木兄被推举担任亚太家具协会会长，这是一个国际型家具产业组织，亚太地区共有13个家具会员，旨在讨论各国产业政策及国与国之间的关税协议，协助各国家具业者往国际化、全球化发展。由此可知，燕木兄不仅有功于台湾家具产业，也是台湾家具产业走向国际的典范。

我在担任海基会会长期间，有幸受邀到东莞参访燕木兄运时通集团中国总厂，才真正了解到床垫产业对每个人睡眠和健康的重要性。在运时通集团40周年庆祝酒会上，与会嘉宾多达1600余人，世界各国家具产业上、中、下游各个厂家群聚一堂，让人见识到燕木兄平日人脉经营的深和广，同时这也意味着运时通集团产品的质量、品牌、经营团队管理之卓越。当然，更令人激赏的是，我看到他拼搏的精神。无怪乎业界封给燕木兄“床垫教父（Bedding Father）”称号，用以表彰他对床垫产业所做的极大贡献。我相信这是家具业对燕木兄的肯定和赞誉，“床垫教父”实至名归。

《床垫教父陈燕木》这本书详实记录燕木兄从一名铁路小子到床垫教父的上半场人生故事，是年轻朋友一本很好的励志教材。在书中，燕木兄毫不藏私地展现他丰富的经营管理哲学，例如在他的百条语录中写道“不靠天吃饭，靠自己吃饭”，更是对青年朋友十分受用的人生宝典。这本书不仅是燕木兄的个人传记，也是一种活用经营管理学，融会贯通教科书上的学理与企业管理营销等实务。不仅如此，燕木兄在书中阐述的人生及经营哲学，读者也可以从中领悟到他独创的“感恩、感激、感谢、感动”四感管理心法，包括“感恩”父母的养育之情，“感激”上司的爱护提携，“感谢”同伴的相互扶持，以及“感动”团队合作带来的成果，值得读者细心品味。

这本结合管理哲学、个人传记的励志读物，非常值得各界人士，包括各级政府领导人、企业界人士、财经学者和青年朋友们共同研读，共同学习。阿里巴巴集团主席马云曾说：“成功没有奇迹，只有轨迹。”这本书述说的正是燕木兄一步一脚印力争上游的创业轨迹。本人很荣幸能先睹为快，抢先分享燕木兄企业经营的成果和心得，爰略缀数语，以为序言。我相信，燕木兄运时通集团所生产的优质床垫一定能为两岸人民谱出幸福健康的未来。

序二

为中国睡眠新文化领航人而喝彩

中国家具协会　理事长
亚洲家具联合会　会长

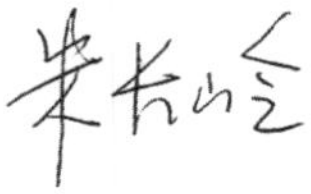

朱长岭

我国家具行业在国家改革开放的政策指引下，经过全行业的努力实现了快速发展，取得了世界瞩目的成绩。我国已经成为家具生产大国、家具出口大国和家具消费大国。这一成绩的取得，与台湾家具企业投资大陆、参与大陆家具生产经营有着直接关系。我国家具出口的快速增长，与台湾企业家投资大陆，利用长期形成的海外业务关系，扩大出口的努力分不开。说到众多的台湾家具企业家，陈燕木先生出类拔萃，是值得大家学习的榜样。燕木先生生于台湾，一生拼搏努力，由一个普通工人白手起家，成长为成功的企业家，为中国家具行业的发展做出重要贡献。

燕木先生1996年投资大陆，以床垫生产营销为主业，兴办的运时通家具集团，发展迅速，目前在全国有6家子公司，1000多家经销商，在家具行业内和市场上影响是很大的。燕木先生不但企业办得好，而且积极参加行业内的各项活动，积极为行业发展出谋划策，并团结家具行业企业家共同开拓国内外市场。燕木先生曾经担任亚洲（原亚太）家具联合会会长，联系亚洲各国家具协会，加强中国家具企业与亚太各国企业之间的联系，赢得大家的好评。

陈燕木先生这部传记，我拜读之后很感动，为他的奋斗精神感动，为他的成长经历感动，更为他认真思考、深入研究床垫理论感动。燕木先生根据自己的经历和对生活的感悟，以及从事床垫生产经营的经验写出百条语录，用简练的语言总结了人生、奋斗、管理、成功的理论，成为激励自己、警示他人的人生哲理。燕木先生在书中叙述了自己的成长经历，讲述了兴办企业的艰辛，感恩社会各方面的支持。通过多年工作经验，他总结了床垫生产和经营理念，床垫与睡眠的关系，床垫与人健康的关系，系统地对我国弹簧软床垫的发展给予总结。一个企业家，不但努力搞好企业品牌建设，还努力对生产经营、床垫健康睡眠进行理论研究，是难能可贵的。

陈燕木先生邀我为书作序，我自知才疏学浅，不能胜任，但也欣然完成其心愿。今斗胆凑几行文字，向大家推荐值得一读的家具人的著作。陈燕木先生的奋斗史是中国家具人在发展大潮中的真实写照，通过了解陈燕木先生的成功人生，证明了只要抓住机遇，锲而不舍，坚持奋斗，执着进取，普通人可以成为为社会、为人类做出重要贡献的重要人物，载入史册。我们家具人要向陈燕木先生学习，努力拼搏，共铸辉煌。

序三
行业教父　燕翔辉煌

全国台湾同胞投资企业联谊会　总会长　郭山辉

郭山辉

和燕木兄相识已经数十载。他曾经是台湾家具公会理事长，更是知名学府辅仁大学企业管理学系兼任教授。他担任亚太家具协会会长时，我是东莞台商协会会长。如今，我是全国台湾同胞投资企业联谊会（简称“台企联”）总会长，燕木兄是副会长。台企联是一个跨行业、跨界别的全国性组织，下辖141个台商协会200万台商。我们精诚合作，竭尽全力服务于大陆台商，团结和带领所有台商一起开创更美好的未来！

我知道他获奖无数，先后荣获“广东省优秀企业家”“广东省优秀中国特色社会主义事业建设者”“东莞市优秀社会主义事业建设者”“东莞市五一劳动奖章”“东莞市劳动模范”等荣誉称号，并被评为广东“家具财富”十大新锐企业家。一听到他要出书，我很替他高兴，能够在事业成功之余留下记录是一件非常棒的事。回想我们赴外打拼的时候都还是年轻小伙子，转眼间二十多年过去了，我们虽然已经年逾花甲，但是斗志仍不减当年。燕木兄是一个剑及履及、做事极有效率之人，过去不论我在东莞台商协会担任会长或是现在在台企联担任总会长，只要有活动需要支持，他常常义不容辞，出钱出力不说，任劳任怨一直是他的工作精神与态度。读完这本书，我想读者会很清楚这位床垫教父为何做任何事都如此尽心尽力，尤其对年轻一辈的读者会是一个很好的启发。

燕木兄公司制造的产品不仅是每个人每天都会用到的必需品，更是一个人健康活力的来源。人的一生有三分之一的时间是在床上度过，床垫质量的好坏对人有着至关重要的影响。读者看完此书会发现，原来制造高品质床垫的“眉角”很多，选择一张合适你的床垫也非常重要。燕木兄告诉我们，有了好的床垫才有好的睡眠，有了好的睡眠才能保持健康，唯有长身康体健才能够累积财富，相信读者会了解这之间的“因果关系”，我想市面上大概很少有一本书既能励志，又能教大家如何选择好床，燕木兄一书的可贵之处便在于此。

一个成功的企业家对于质量多半有着超乎常人的坚持，有时旁人看来已经到了“龟毛”的程度；燕木兄自然也不例外。秉持着“质量绝不妥协”“价格创造三赢”“交期迅速准时”“服务细部到位”四大原则，不仅在业界树立标杆，还成为床垫用品的领头羊，同时更将床垫从生活必需品，变成可以很时尚、很高质量的家居物品。

能够在本书尚未正式发行前就先睹为快是我的荣幸。我和他做了大半辈子的家具，外界把我们都看作是家具界、床垫界“教父级”的人物，对于这样的恭维，我不敢当；但是我相信我们的理念一致：给消费者做出高质量的、同时又负担得起的家具，这就是我们最大的心愿。仔细阅读过燕木兄的传记，我真是受益良多，相信读者一定会和我有一样的感受。这本书的面世，定会为全国台商朋友及年轻读者带来很多的启发。我乐为之序。

床垫教父百条语录

活用经营管理学

100 Principles of the Bedding Father

经营篇 Business

1. 两种态度：质量态度——质量绝不妥协
   工作态度——工作追求完美
   Two attitudes: Quality Attitude–Never Compromise on Quality
   Working Attitude–Pursuit of Perfection

2. 三场行动思维：坟场——"爸妈"你在里头，我在外头，孝顺父母难；
   商场——"客户"你在外头，我在里头，了解客户难；
   职场——"钞票"你在外头，我在里头，增加收入难。
   Three Places：Grave – Parents are inside of it and I am outside.
   Market – Customers are outside of it and I am inside.
   Work Place – Money is outside of it and I am inside.

3. 三品观哲学：品质、品牌、品味。
   Three Management Areas: Quality, Brand and Taste.

4. 品质精义："品"为三个以上的多数人嘴巴都说好；"质"是顾客以金钱，斤斤计较交换的所得。
   Quality means more than three people said good.

5．三才策略：人才、人材、人财。

Three Strategies: Intelligent, Qualified, and Valuable.

6．成功三本：本尊（You）、本钱（Capital）、本事（Capability）。

Three Foundations for Success: Yourself, Capital and Capability.

7．三把刀：一刀——汇率升值；二刀——劳动力成本；三刀——原材料上涨。

Three Threats: Exchange Rate, Labor Cost, and Raw Material Cost.

8．成功三心：责任心、上进心、企图心。

Three Elements of Success: Responsibility, Progress, and Ambition.

9．四生产业：优异质量的生产，丰富幸福的生活，永续环境的生态，健康活力的生命。

Four Actions: Production, Living, Environment, and Life.

10. 五力成果：执行力、品牌力、人才力、效率力、创新力。

Five Power: Execution, Brand, Talent, Efficiency, and Innovation.

11. 五大循环：计划，组织，执行，控制，考核。

Five Cycles: Planning, Organizing, Action, Controlling, and Checking.

12. 成功五家：政治家——人脉是金，广结人缘；艺术家——文化、气质、修养；企划家——创新思想，改变观念；营销家——专业知识，掌握市场；实干家——实干出真知，爱拼才能赢。

Five Successful People: Politician, Artist, Planning Executive, Marketer and Doer.

13. 六大指标：独特的设计，卓越的价值，竞争的价格，专业的配销，标准的质量，实时的交货。

Six Points: Design, Value, Price, Distribution, Quality, and Delivery.

14. 商场经营六E：Easy in引导进入；Easy go动线规划；Easy see区域视觉；Easy buy 购买欲望；Easy out进出方便；Easy shop 一次购买。

Six "E" principles of Shopping Malls: Easy In, Easy Go, Easy See, Easy Buy, Easy Out, and Easy Shop.

15. 七要行动：肩要硬——责任担当；腰要软——态度谦虚；口要笑——沟通协调；脚要动——现场主义；手要做——亲力亲为；心要正——忠勤任事；头要敏——系统思考。

Seven Guidelines: Responsibility, Attitude, Communication, Fieldism, Action, Loyalty, and Smart Thinking.

16. 八项专注：质量，成本，创新，交期，服务，标准，人才，团队。

Eight Focus points: Quality, Cost, Innovation, Lead Time, Service, Standards, Talent and Teamwork.

17. 十大行动力：学习力、关怀力、拼搏力、速度力、热情力、承诺力、沟通力、奉献力、责任力、坚持力。

Ten Abilities: Learning, Caring, Fighting, Speed, Passion, Commitment, Communication, Dedication, Responsibility and insistence.

18. 经营心法：过去——做大、做强；现在——做精、做专；未来——做稳、做赚。

Management Method: Past: Big and Strong, Now: Professional, Future: Profit.

19. 利润分享：对自己的绩效负责，因自己的贡献受益，从客户的订单获利。

Profit comes from your own performance and contribution.

20. 五大保证：品质——绝不妥协；价格——共创三赢；交期——迅速准时；服务——细部到位；创新——持续研发。

Never Compromise on Quality. Price: Win-win Situation. Delivery: On Time. Service: Do in Detail. Innovation: Continuous Development.

21. 天下没有完美的办法，但总有更好的办法。运用环境掌握时机，通顺达成。

There is no perfect solution, but there is always a better way in this world to fulfill the requirements.

22. 工作方法：发现问题，解决方案，团队合作。

Working Methods: Foresee Problems, Find Solutions, Solve through Teamwork.

23. 工作态度：解决问题、现场主义、细部到位、追根究底。

Working Attitude: Solve Problems, Do it yourself, Details, and Inquisitive Learning.

24. 动物移动寻找绿洲，植物生根融入大地。俯首落地甘为生根产业之植物。
Be A Industry Never Move Like the Plants Take Root.

25. 量利法则：量大利小，利不小，低成本策略；量小利大，利也大，差异化策略。
Volume-Profit Rule: if the Volume is large and the Margin small, the total Profit is still large. If the Volume is small and the margin high, the Total Profit will be also large.

26. 创新飞轮：组织与人才，技术与流程，领导与管理，产品与服务，营销与市场。
Innovative Wheels: Organization and Talents, Skill and Process, Leader and Management, Product and Service, Marketing and Market.

27. 企业家族：传统家族企业渐行渐远，以团队经营、直营联盟、国际合作体系，共创"企业家族"新理念，分享利润成果，共享产业资源。
Enterprise Family: Create Enterprise Family, Share the Profits, and Sharing Industry Resources.

28. 立足中国、放眼亚太、展望全球。
Based in China, Expanding in Asia and Developing in the Global Market.

29. 创造两岸经营优势，整合国际行销通路。
To create cross-strait business advantages, and integrate the international marketing channels is a Must.

30. 贪贫定义：贪，今天拿钱，自己独吞；贫，现在分钱，分享团队。
Greedy for money and sharing money.

管理篇 Management

31. 归零心经：零库存，零负债，零缺陷，零退货，零抱怨，零病痛，零放空。
Zero mind: Zero Stock, Zero Debts, Zero Defects, Zero Returns, Zero Complaints, Zero Pain and Zero Non-brain.

32. 三脑管理：用脑——提升组织规划；拍脑——强化整体思考；借脑——学会借力使力。
Three ways of thinking: Improve Organizational Planning, Strengthen the overall thinking abilities and Learn from other People.

33. 三紧管理：卡紧——上下制程；脚紧——运作交接；加紧——加快速度。
Tighten Management: Linking，Intensify，and Speed up Procedures.

34. 三呆管理：呆账、呆料、呆人。
The three threats to Management: Bad Debts, Dead Stock, and Fools.

35. 三格管理：风格市场化，规格标准化，价格竞争化。
Style Follows the Market, Specification Follows the Standard, and Price is Competitive.

36. 4Q商数管理：智力商数IQ，情绪商数EQ，逆境商数AQ，领导商数LQ。LQ > AQ > EQ > IQ。
4Q Management: Intelligent Quotient, Emotional Quotient, Adversity Quotient, Leadership Quotient.

37. 五动管理：动手——亲自实践；动脚——走动管理；动心——用心专注；动脑——启动思维；动口——沟通协调。
Body Management: Hands – Do it yourself; Feet – Walk around while managing; Heart – Pay Attention; Brain – Start Thinking; and Mouth – communicate and coordinate.

38. 8C哲学：Change改变、Challenge挑战、Chance 机会、Communication 沟通、Cooperation合作、Customer顾客、China中国、Cash现金。
Eight C Philosophy: Change, Challenge, Chance, Communication, Cooperation, Customer, China and Cash.

39. 知识管理："科技脑"表示是非对错、速度效率；"人文心"表示以人为本，忠诚谦恭；"中华情"表示台干陆干，大家一起干。
Knowledge Management: "The Brain of Science" Means Efficiency and Speed. "Human Heart" Means Loyalty and Modesty. "The Chinese Sentiment" Means Taiwanese and Chinese Work Together.

40. 数字KPI管理：评核生产力、利用率、成本率、损耗率、不良率。
Data Management: Evaluate Production Capacity, Utilization, Costing, Loss Ratio and Reject Ratio.

41. 先有所“为”，才有所“位”。

Do First, Position Later.

42. 管理智慧：君逸臣劳则国兴，君劳臣逸则国亡。三流老板学管理知识，二流老板学管理系统，一流老板学管理智慧。

Management Wisdom: A Good Boss will acquire Management Knowledge. A Better Boss will be learning Management Systematics. And the Best Boss will Utilize his Management Wisdom.

43. 学习方法：习字意义为鸟自己飞，要亲自去做，体验心得。做比说更重要，习比学更有效。

The Way of Study: Action is more important than saying.

44. 时尚可以雕琢，气质无法伪装，内在重于外在，品质先于营销。

The Quality is More Important than Marketing.

45. 骄傲在败坏之先，高傲在跌倒之前。败坏之先，人心高傲。尊荣之前，必有谦卑。

Modesty Helps One to go Forwards, whereas Conceit Makes One Lag Behind.

46. 干部职责：定策略、建组织、布人力、置系统、巡现场、看问题、挑毛病、抓进度、负责任、出结果。

Management Responsibility: Planning, Organizing, Personnel, System, Action, Foresee Problems, Responsible and Conclusion.

47. 忠诚素养：两个中心为“患”，一个中心为“忠”，要去患成忠，忠于公司，忠于职守，忠勤任事。

Loyalty: Be Loyalty to the Company and Devoted to your Work.

48. 处事态度：对上以敬，对下以慈，对人以和，对事以真。上下人事，敬慈和真。

Attitude: Respect the Elders, Love the Younger ones, Be Friendly to Everyone, and treat them all with Sincerity.

49. 军团作战：天底下只有团队，没有天才。

No Genius in the World, Only Team.

50. 我的座右铭："追求完美，忠勤任事"——追忠、求勤、完任、美事。

My Motto is : Pursuit of Perfection.

51. 新世纪用人原则：智、信、仁、勇、严。

New Century Human Resource: Wisdom, Faithfulness, Benevolence, Courage and Strictness.

52. 用人德才：德才兼备，优先录用；有德无才，栽培使用；有才无德，限制使用；无德无才，永不录用。

Morality and Ability: Priority to Hire Those Having Both Ability and Morality. Cultivating Those Having Morality but no Ability. Limited Hiring Those Having Ability but no Morality. Never Hiring Those with No Ability and No Morality.

53. 用人原则：能者上，平者让，庸者下。

HR Philosophy: Survival of the Fittest.

54. 不分高干、台干、陆干、美干、德干、日干，大家一起干。

No matter if Taiwanese, Chinese, American, German or Japanese, everybody works together.

55. 用人者亡，用朋者强，用师者霸。

The King Hires the Person who is His Teacher.

56. 经理人新定义Manager：免你做（用人）、要你想（计划组织）、那不做（控制考核）、你要教（领导）、你要做（执行）。

New Definition of Manger: Human Resource, Planning, Checking, Managing, and Acting.

57. 品酒闻酒香，品茶闻茶香，品人看德才，宁静，和谐，静观，灵感。悟出人生道理，理出成功之道。

You will Know the Good Wine and Tea by its Smell and Taste. You will Know the Good Person by His Morals and Professional Skills.

58. 意愿唯一，方法无限。心态重于事态，EQ>IQ，道>术。

The willing is only One Goal, but there are Many Ways to achieve it.

59. 上中下之君：下君尽己之能——使用自己的能力；中君尽人之力——转换别人的能力；上君尽人之智——充分授权，发挥人才智慧。

An unintelligent man works on his own, uses all he has and does his best to accomplish a task.

An ordinary man finds possible resources and utilizes others' help to accomplish a task.

A wise man entrusts others and unites all the intelligences to accomplish a task for him.

60. 官兵新概念：官——两个口发号命令出嘴巴；兵——两只脚执行命令真做事。

The officers give the order by mouth. The soldiers excute their mission.

61. 八大领导秘诀：目标清晰、意向强烈、完整计划、迫切行动、调适心态、修正行为、面对事实、自律坚持。

The eight leadership tips: clear goal, strong intention, complete plan, action, adjustable attitude, correct behavior, reality and Self–discipline.

62. 现场落地管理：推动"人人生管、人人品管、人人财管"政策。

Field Management: Promote the policy of Total Production Control, Total Quality Control and Finance Control.

63. 九大领导力：激情、承诺、负责任、欣赏、付出、信任、共赢、感召、可能性。

The nine leadership powers: passion, commitment, responsibility, enjoy, giving, trust, win–win, impact, and possibility.

人生篇　Life

64. 三日哲学：反省昨日得失（See），执行今日细部（Do），策划明日目标（Plan）。

Three Days Philosophy: Review it for Yesterday, Do it for Today and Plan it for Tomorrow

65. 四感体验：感恩——父母养育；感激——老板提携；感谢——同伴扶持；感动——团队合作。

Thanks for : Parents, Boss, Partner, and Teamwork.

66. 五才管理：募才、育才、晋才、酬才、留才。

Five Tips for Talents: Hiring, Training, Promoting, Rewarding and Keeping.

67. 七八九原则：七分饱（身）、八分醉（心）、九分爱（灵）、十分完美（身心灵）。

Don't overeat for your health, don't drink too much for your brain, and give love in mind: It is perfect.

68. 心胸视野：海洋比陆地大，天空比海洋大，人的心胸比天空还要大。

The Ocean is larger than the Land, the Sky is larger than the Ocean, and Your Mind should be Larger than the Sky.

69. 大小哲理：宇宙宏观，至大无大；医学微观，至小无小。其大无外，其小无内。

The universe seems overwhelmingly large, but if your mind is global, it's not so big. And although medical science seems a small thing, it needs to be 100% perfect, for instance in surgery.

70. 大小快慢：在今天的世界，没有“大”的打败“小”的，只有“快”的打败“慢”的。

The Big can not Beat Small. Only the Fast Beats the Slow.

71. 饿苦成长：饿的人脑筋特别清楚，苦的人工作特别勤奋。

Hungry People Have Especially Clear Minds. Bitter People Work Very Hard.

72. 生病看医生，健康靠运动。有计划就不忙，有预算就不穷，有运动就不病。

With Plan, You Won’t Feel Busy. With Budget, You Won’t be Poor. With Exercises, You Won’t Get Sick.

73. 万贯家产三顿饭，千栋豪宅一张床。

You Have Only Three Meals a Day, No Matter How Rich You Are. You Sleep on Only One Bed, No Matter How Many Houses You Have.

74. 2526大陆成功密码：大陆中高端目标市场6亿人口，是2个美国、5个日本、26个台湾地区的人口消费市场。

2526 Code: China High-end Market is 600 Million, which Equals 2 America, 5 Japan, and 26 Taiwan.

75. 吃饱很简单，睡好很困难，健康很宝贵。

It is Very Easy to have a Full Stomach, but Very Difficult to Sleep Well, and Health is a Treasure.

76. 人生要有方向；设定目标，自我要求，有压力才有进步。

Direction in Your Life: Set Goals, Self-disciplined, Pressure Makes You Move Forward.

77. 天底下有两种“教”不可信，一是“比较”，一是“计较”。

Never be Fussy in your Life.

78. 吃亏是福，注重稻子丰收，不为小鸟贪食而计较。

Disadvantage is a blessing.

79. 见贤思齐：看看别人，想想自己，为什么别人能而我不能。

Look at other people and ask yourself why they can do better than you.

80. 酒不醉人人自醉，色不迷人人自迷；不能控制自己的人，一定不会成功。

If You Get Drunk, it is Your own Fault, not the Wine. If You can not Control Yourself, You can not Achieve Success.

81. 要命就不要喝（酒），要活就不要抽（烟），要成功就必须拼搏。

No Drinking, No Smoking, Only Working Hard for Success.

82. 睡得饱是“身”，睡得好是“心”，睡得健康快乐是“灵”。

Sleep Deeply and Soundly for your Health and Happiness.

83. 安心的财富，才是真正的财富；以我的良心货，换你的开心钱。

Legal Wealth is the Real Wealth.

84. 人生不设限，成功不设防；自信、激情、承诺、负责任、拼搏、挑战、坚持、成功。

Confidence, Passion, Commitment, Responsibility, Fighting, Challenge, Perseverance and Success.

85. 不靠天吃饭，靠自己吃饭。

Never Rely on the Weather to Make a Living, Just Rely on Yourself.

86. 学历是过去的历史History，学力是现在的能力Ability.

Education is the History for the Past. Ability is the Capability for the Present.

87. LKK是Low Knowledge Keeper，低能知识者；LLL是Long Life Learning，终身学习者；LMM是Learning More & More，执着学习者。

LKK: Low Knowledge Keeper， LLL: Long Life Learning，LMM: Learning More and More.

88. 人无我有，人有我优，人优我多，人多我转。
I have what they don't have, I do better than what they do, I have more than what they have, I change what they still do.

89. 人生三对：入对产业、选对公司、跟对主管。
Three Right: Choose the Right Boss, Company and Industry.

90. 人生哲理：富在知足、贵在知退、福在知谦。
Philosophy of Life: Satisfaction, Peace, and Modest.

91. 人心难测胜于天，天有春夏秋冬分明，人有喜怒哀乐难测。
It is Easy to Know the Seasons but Difficult to Know a Person.

92. 生前不必多睡，死后必可长眠。
No need to sleep so long when you are alive since you will be sleeping for a long time when you pass away.

93. 癌症原因有“三多”，即吃多、喝多、吸多，阻塞积成山岩所致。
Three Reasons for Cancer: Eating too much, Drinking too much and Smoking too much.

94. 防癌二、三、四：二通——双口齐下、百病不生；三清——清肠、清肝、清头脑；四得——活得健康、老得快乐、病得自在、走得安心。
Prevention of Cancer: Live a Healthy Life, Feel Happy.

95. 毒赌读：不吸“毒”、不好“赌”、爱“读”书。
No Drugs, No Gambling, Open Your Mind by Reading Books.

96. 孝顺定义：“孝”——子承老也，为人子女应供养双亲；“顺”—— 树叶依川流而不息，子女当顺应父母心意。
The Definition of Filial Obligation: Children should Support their Parents and Adapt to their Parents' Mind.

97. 敬田、义田、恩田：敬田——恭敬之心，尊重之心；义田——义勇之心，福报之心；恩田——感恩之心，感激之心。
Field of Thoughtfulness, Field of Loyalty, Field of Appreciation
Field of Thoughtfulness- Heart of Courteous, Heart of respectfulness

Field of Loyalty – Heart of courage, heart of goodwill

Field of appreciation – heart of gratefulness, heart of gratitude

98. 以身作则—— 其身正，不令而行；其身不正，虽令不从；以身作则，正己化人。

Example is better than precept.

99. 改变就是希望，目标一定达成。

Change & Hope. Yes! We can!

100. 四到哲理——知道、悟道、做到、得到。

Know, understand, do and get it.

目录

前言

2011年，在广东东莞，一群来自全国各地的家具经销商，正和在场工作人员埋怨工厂产品品质不佳，客人买了又要求退货，让经销商蒙受损失。但工作人员不愿意承认错误，一再说，工厂每月生产几万件，有几件瑕疵品，在所难免。

一位经销商激动地说：“客户付钱，我们交货，品质有问题，客户退货，我们只好退钱，到手的钱都飞掉了，陈会长，你懂得这种心情吗？”

床垫教父，Bedding Father

先进的床垫生产技术

那位陈会长，就是运时通集团董事长陈燕木，他从一开始就坐在那里，仔细倾听经销商的抱怨，也听到员工的辩白。忽然，他双膝着地，跪了下来，向全体经销商。

63岁的他，低着头，白发斑斑可见。

在场经销商大部分都比他小，有的才刚满30岁，他们吓呆了，“陈会长，快起来，别这样，我们担待不起”，声音此起彼落。

“我45岁时，爸爸过世，我向人下跪，父亲是生我养我，理当下跪，18年来，没有下跪过。”陈燕木双目泛红，“今天，我下跪，你们是我的衣食父母，等同我的父母，我们没有做好，就要下跪请罪。”

一位经销商不忍心看到这位长者长跪不起，赶紧说：“老板，这不是你做的，不必这样，品质不好改良，抓个干部骂一骂、杀一杀就好了。”

陈燕木认真地说：“不，我是老板，我工厂的人做的，就是我做的，我要负起责任。”

这时，在场的运时通干部也跪了下来。一场僵局解开，经销商愿意今后仍然承销运时通产品。

陈燕木是谁？运时通对中国家具业有何重要性？他从何处而来？至今的奋斗历程为何？今后他的事业、人生将往何处？

陈燕木生长于台湾，来自台湾宜兰的贫穷家庭，但是他不愿为命运羁绊，一生努力拼搏，在台湾白手起家，20世纪90年代来到大陆发展床垫产业。当时大部分中国人都是睡木板床，席梦思还很少，但他执意生产高品质床垫，改变了中国的床垫业，也改变了中国的睡眠秩序。

他不只自己的企业做得好，也要产业好，更要整个中国好，要中国人因为睡得好而健康。

在广东东莞的大岭山下，2012年10月29日来自台湾的他高昂宣布，运时通大力捐献500万元，正式成立国际健康睡眠研发院International Sleep Research Institute（ISRI）。

在这个研发院里，他将结合欧美睡眠专家，研究中国人特有的睡眠习惯，设计符合国人睡眠习惯的床垫，“一张好的床垫要保证达到‘身’‘心’‘灵’三方面：睡得饱是‘身’，睡得好是‘心’，睡得健康是‘灵’。人吃饱很简单，但睡好很困难”。

国际健康睡眠研发院启动仪式

燕木50岁生日时儿子送的礼物

运时通代理国际知名床垫以及家具品牌，蕾丝Restonic是美国品牌，美得丽Mustering是德国品牌，二者都有75年历史，加上美国席乐顿Stylution, 全都走高端路线，因此讲究品质，讲究细节。他们不是在卖硬邦邦的床垫，而是在卖风格，卖生活方式。

他“黑手”起家，拼搏奋斗至今，拥有世界网络，在中国打最难打的仗——内销（大部分外商在大陆都是做制造、加工），管理群却是来世界各地的员工。活到老，学到老，身体每个细胞都热情洋溢着运时通的开创精神，一切都印证了陈燕木的那句：“不分高干、台干、陆干、美干、德干、日干，大家一起干。”

从1996年踏上大陆，开始设厂，陈燕木筚路蓝缕，打出一片天地，至今在家具业名声卓著，全国拥有6家子公司，1000多家经销商。不管何种预测：中国经济将停滞，将起飞，软性着陆，硬性着陆……陈燕木对中国大陆从未动摇信心。“我的市场在每月收入3000人民币的人群，14亿人口里有7亿是我的客户，穷我一生，做都做不完。”他指着自己遍布在大陆密密麻麻的“据点”说。

虽然营业额不断增长，与大陆大企业规模相比还很小，但在全球化的今天，陈燕木必须孜孜建立全球化网络。在台湾新北市新北产业园区的运时通，小而精巧，导购人员亲切引导客户选购家具，同样的品牌，同样的陈设，似乎这些产品有了自己的生命。

2009年，在美国金融危机时，企业哀鸿遍野之际，陈燕木赴美多次，查看是否能买下美国企业，再度扩充，充分展现中小企业不变的雄心。9月在美国圣地亚哥，他买下了创立于1949年的Wickline Bedding，又拥有了两家名牌。至此，陈燕木的家具王国麻雀虽小，但五脏俱全，在全球重要市场都布局完整。

这家公司打下江山，在2013年庆祝40周年。

“这是个跨太平洋产业链：北美区块，有美国厂在中间；在亚太区块，我们有台湾厂；在大陆，有东莞运时通厂。这形成一个三角的生产链接。很简单讲，台北是做母厂，大陆是总厂，美国是原厂，担负研发创新及市场前瞻。”

在东莞，前院一片绿荫的总部，陈燕木娓娓道来他的策略：“就像海军陆战队，每人都有自己的任务。”

他接着阐释：大陆厂做大量生产，自动化，任务就是出口以及大陆的内需市场。台湾厂负责技术，它的技术已生根，本地市场通路也已完整，但员工工资太高，没有出口竞争力，必须用大陆厂来做出口。美国厂要负责床垫的材料、技术，研发的基地和创新的中心，等于是产业情报站。世界重要研发中心都在美国。“世界上没有天才，一律是边走边看边摸索，然后找出运营的模式。”陈燕木说。

63岁的陈燕木希望借此书，让同为中小企业及中坚企业，分享他的国际化经验、大市场行销的经验。唯有透过分享，才能为国家、为社会、为个人创造财富。

两年前，他63岁时，对自己有个许诺，要永远精力无穷。“63岁，倒着看，我觉得自己像36岁。”他说。

語錄

1. 睡得饱是“身”，睡得好是“心”，睡得健康快乐是“灵”。
2. 不分高干、台干、陆干、美干、德干、日干，大家一起干。
3. 七要行动：肩要硬——责任担当；腰要软——态度谦虚；口要笑——沟通协调；脚要动——现场主义；手要做——亲力亲为；心要正——忠勤任事；头要敏——系统思考。

第一章

祖先渡海到台湾

渡台悲歌

清朝道光二十年（公元1840年）一个晚上，一位瘦瘦小小的男子，仓仓皇皇，在暗夜中行走。他告别亲人，带着简单衣物，到了码头，匆匆跳上小船。

这条小船将载他驶往何方？

他叫陈用，才30岁，来自福建漳州府金浦县。因为家乡连年饥馑，民不聊生，实在过不下去了，这小船将载他到台湾，开始另一番新生活。

今晚，是决定他及子孙命运的一晚。

但是，此去，并非康庄大道。

“劝君切莫过台湾，台湾恰似鬼门关。千个人去无人转，知生知死都是难。”

这是清朝一位无名诗人，用哀伤、悲愤、绝望的语调唱出初民渡台的心声——渡台悲歌，当时传诵于泉州、漳州间。

四百多年前，闽南人、广东客家人渡海到台湾的种种故事及传说，在台湾及闽粤地区传诵不绝，象征着这批人离乡背井，追寻桃花源，主导自身命运的决心及悲怆。

去台湾，要横过当时称“黑水沟”的台湾海峡。为什么叫黑水沟？就因为水深险难测，波涛汹涌，海里约800里。顺利，一个晚上即可到达，但是却充满艰辛波折，常常等船就要半个月。

一上船，本来晴空万里，顷刻间会掀起滔天巨浪。船身起伏如荡秋千，风声有如鬼哭狼嚎，挤在船舱里的乘客惊魂未定，一时之间以为已葬身海底，灵魂都已出壳，遨游太空。

船夫往往此时会令乘客一致跪下，祈求妈祖保佑平安渡海。相传慈眉善目，穿着白衣的妈祖一见帆船有难，便会立即腰悬桅灯、凌波踏浪前来解危，使船只化险为夷。

因此台湾街头巷尾都立着妈祖庙，氤氲缭绕象征着后代对妈祖普度众生的感念。

纵使逃过自然定律，人为的险恶也是无所不在。渡台湾的船有官船和私船之分，循正规管道，须向官府申请，手续繁琐，上下都得打理。人们已经走投无路，只好寻求私人管道前行。这种船都由客头（等于现今的蛇头）牵线，一到船上，几乎就是任人宰割，船夫把几百个人塞在船舱中，加个盖，任其在里面自生自灭。清朝派遣到小琉球的官吏朱仕玠在《小琉球漫志》中如此描述："私渡者主，串通习水积匪，用湿漏之船，收藏数百人，挤入舱中，封钉舱盖。"遇有狂风巨浪，必定尽入鱼腹。

船夫还有很多行家话。譬如到了对岸，船夫发现有情况，故意不靠岸，看到沙洲陆地，骗乘客下船，叫说，这就是台湾，大家快下船。这种举措叫作"放

語錄

1. 敬田、义田、恩田：敬田——恭敬之心，尊重之心；义田——义勇之心，福报之心；恩田——感恩之心，感激之心。
2. 饿苦成长：饿的人脑筋特别清楚，苦的人工作特别勤奋。
3. 动物移动寻找绿洲，植物生根融入大地。俯首落地甘为生根产业之植物。

床垫世家，百年传承，代代卓越（前排左一为陈燕木）

生”。乘客下了船，才知道受骗。沙洲距离海岸极远，不得已硬着头皮涉水，但往往行至深处，全身就陷入泥淖中，叫作“种芋”。或遇涨潮，随流漂溺，名曰“饵鱼”，等于给鱼当饵吃了。

所以渡台悲歌里，作者诉说着客头（即蛇头）的艰险，他们把台湾说得天花乱坠：“客头说道台湾好，赚银如水一般了。口似花娘嘴一样，亲朋不可信其言。到处骗惑人来去，心中想赚带客钱。”甚至狠狠地诅咒他们：“千个客头无好死，分尸碎骨绝代言。”

但是为什么闽南地区的人还愿意前仆后继，相继渡海？中国人安土重迁，必定是家园年年兵荒马乱，饥馑连连，才铤而走险。

原来清朝为了断绝郑成功王朝的后援，顺治十八年（公元1661年）开始实行沿海五省边民内迁30公里政策，“片板不许下海，粒米不许越疆”，使得良田荒废，加上连年兵荒马乱，人民流离失所。“漳泉内地无籍之民，无田可耕，无土可佣，无食可觅；一到台湾，上之可以致富，下之可以温饱。一切农工商贾以及百艺之末，计工授直”。

台湾不仅是桃花源，而且代表着公平正义，是个正常的商业社会，可以买卖劳力货品，换取生活所需。

追寻梦想的陈家五世祖

陈用成了追寻梦想的一员。

道光二十年，陈用走出家乡，总要带点魂牵梦萦的归属品。这位而立之年的男子，在旅程中时时呵护着一个骨灰坛。这是他与先祖的唯一联系。

就这样，本书主人陈燕木的五世祖陈用到了台湾。

台湾人习惯用几世祖来追溯祖先渡台时间，例如前“司法院长”林洋港十三世祖林天来于1754年来台，李登辉十四世祖李崇文于1760年抵台，国民党荣誉主席连战祖先来得较晚，至今只有十世祖连兴文。

相比之下，陈用赴台几乎晚了100年，他与陈淇澳等族亲渡海来到垦兰阳（今为宜兰），在当地的“三抱竹”海边（今宜兰县头城镇竹安里）登陆，从此定居于此。

宜兰以兰阳平原为主，旧称噶玛兰，最早的居民是台湾原住民噶玛兰族，有着美丽的传说。

移民生活更不浪漫。他们比其他移民晚了100年，也比首批进入宜兰垦荒的汉人吴沙晚了50年，好的田地已被别人捷足先登，陈用和其他乡亲，只能到那个“三抱竹”的地方打鱼，种一些地，胼手胝足，终于在异乡勉强维持温饱。

兰阳平原，鱼米之乡

靠天吃饭的农家子弟

温饱之后，移民想到的是在这里如何安居乐业，娶妻生子，延续香火，如何能传宗接代呢？清朝不准移民携带眷属，因此台湾一直处于男多女少的失衡状态。例如1721年汉人已达26万，女人却只有几千人。几百年来社会底层存在着一批人——无业、无产也无妻的人，叫“罗汉脚”，他们注定在异乡孤老以终的命运。

陈用很幸运地在抵台近20年后，找到赖绸姨为妻。已51岁的他生下儿子陈顺水，真可谓老年得子，总算对得起祖先。他更辛勤地工作，希望给子孙留下一个美好的家园。

但是村里亲友不知是羡慕，还是妒忌，看到父子出去手牵手，就调侃陈用：“你所牵的顺水，是你的孙子呢，还是你的儿子？要待何时才能长大成人？”陈用坦然回道：“尽人事，听天命，竭尽所能抚养儿子。”

陈用活至耆老，1890年陈用过世，享年82岁。19世纪90年代的中国动乱加剧，1894年，中日甲午战争，清朝战败，割地赔款，开启台湾与大陆分割的年月。正如丘逢甲的诗：“宰相有权能割地，孤臣无力可回天。”

在宜兰的陈顺水虽然在日本人统治下，生活一如平常，他不负父亲期望，自小读私塾，认字，国学根底不错。儿子、孙子辈的名字都是他取的。

顺水16岁就担起全家生计。他一面种地，一面讨海，做渔民。当年东海海龙王为了驱逐私奔的女婿，因此给很多鱼虾。他靠海吃海，为地道的“讨海人”。

陈顺水前后娶妻三位，前两位妻子都早逝，只能一再续弦，共生育11个孩子。到现在已经繁衍成数百人的家族。每次陈家在台湾宜兰聚首，都要租借附近小学的操场，才能坐得下所有人。

陈顺水次子陈新富的第二个儿子陈炎树，就是现任运时通董事长陈燕木的父亲。

陈新富有9个孩子，孩子都由祖父陈顺水取名，都与木头有关。陈炎树这一房五个兄弟的名字分别是“山、树、灶、川、逢”，意即“山上有树木，长大后，砍下来放在灶里头煮饭，没有用的时候，就放到水里头流下来，逢到了就捡回来”，可谓煞费苦心。

陈炎树生于1926年，是家中的次子。他在22岁的时候，与17岁的童养媳庄秀銮结婚，庄秀銮就是陈燕木的母亲。第二年生下长子陈燕飞，过了两年多，生下次子陈燕木。

当时台湾流行童养媳制度，就是女儿在很小时就过继（很廉价）给另外一家，帮那家做家事，到了十六七岁时，又可以与那家男孩结婚，负传宗接代之责。可谓“利用价值”殆尽。陈燕木的母亲庄秀銮在4岁的时候，被母亲阿香过继给陈家当童养媳。

燕木先祖母80岁生日

燕木的祖母与外祖母感情深厚，时常一起合照

后来庄家母亲阿香与陈家母亲阿芬成了好姐妹，还常常一起拍照。陈燕木指着他祖母和外祖母的合照，笑着对我们说："穿白的（白色上衣的是秀銮的亲生母亲）卖给穿黑的（穿黑色上衣的是爸爸的母亲）。"

个人命运与国家命运密不可分。陈燕木的父亲陈炎树一生辛劳，养鸭养鱼，耕作田地，本来家里已达小康，茅草房也换成瓦厝。但第二次世界大战末期，日本捉襟见肘，只有剥削台湾，将台湾赖以发展经济的原料、材料都搜刮殆尽。大哥炎山在日据时期被调去南洋，抵抗英国、美国的军队。家里只剩下陈炎树一人带着弟妹，艰难求生。当时柴米油盐都由日本人分配，往往只能吃番薯配盐巴。

1948年，陈炎树长子陈燕飞出生；1951年，次子陈燕木出生。迎接他们的却是更困窘的家境。

燕木的父亲陈炎树以养鱼鸭及耕作维持一家生计

第二章

宜兰礁溪童年记事

故乡宜兰的传说与现实

陈燕木出生的地方宜兰，有个美丽的传说。

宜兰附近的东海有个海龙王，膝下无儿，只有一个独生女叫作噶玛兰公主。因为爱妻早逝，龙王特别疼爱女儿。噶玛兰公主却非常任性，她不喜欢父亲帮她安排的对象——同样是龙的表哥，独钟情于平凡的海龟“陆生”。他俩相偕来到陆地，生了个儿子，叫和平。龙王很生气，派兵追击。陆生父子二人被龙王以令牌施法化为石岛，流放在海中。一在宜兰外海，叫龟山岛，一在基隆外海，叫和平岛。愤怒的龙王还命令虾兵蟹将把龟山岛往外海推去，因此现在兰阳平原与龟山岛之间的鱼虾特别多。宜兰的罗东、礁溪地区的渔民就靠此为生，而陆生所化的龟山岛则频频回望情人。至今从滨海沿线可以看到龟山岛屿不舍地回头注视着平原，象征着丈夫对噶玛兰公主的依依不舍。

失去丈夫和儿子的噶玛兰公主心灰意冷，不想再回东海，拿出母亲留给自己的龙宫之宝“绿珍珠”，许下最后的心愿，化为一片翠绿的平原，就是今天的兰阳平原。

但现实中的宜兰并不是如此浪漫。1949年的台湾，像冬天赤着脚走在碎石子路上，无声无言，清冷孤寂，一切都压抑着，笼罩着不安全感、阴影。

150万人跟着蒋介石跋山涉水来到台湾，走过了浩劫，历经了离合。那时节，码头上停泊着大大小小的船，从大陆开来，船名“安庆”“中兴”，格外扎眼，是要给这群为家国命运捉弄的小人物一丝慰藉呢，或是几许讽刺?

无暇细思属于何者，去台北的车开动了。回头望，船影逐渐模糊，飘飘忽忽的噩梦已扬摇远去。生存不成问题，生活的挣扎却正在等着他们。

陈燕木童年成长的家乡——礁溪乡，尤其困苦。这里现在是台湾著名的旅游景点，曾以“温柔乡”出名。可是，在老一辈居民印象中，却不是这么“温柔”。祖宗取名，仿佛有预感，“溪”是“溪水”，“礁”是“礁石”，听起来意味着石头马上阻住了流水。农业社会只能逐水而居，顺天时而动，在这个没水的地方，很难活得滋润。

当然也不是完全没水，水多了还会淹死人。离礁溪市区三公里的地方有条时潮村。“时潮”，就是“时间一到，潮水就来”。平时村里不淹水，但潮水来时，高达两米，田埂却只有一米半高，于是整个村庄、农田都被洪水淹没。

在一个“靠山吃山，靠水吃水”的年代，这里的居民注定是与穷山恶水打交道的命运。

台湾宜兰乡下的老家

台湾宜兰礁溪时潮村

农历1950年11月30日出生，属虎，陈燕木呱呱坠地。当时台湾每年人均所得只有500美元，公共卫生差，人们营养不良，婴儿特别孱弱，近一半的婴儿在一年中结束了幼小的生命。父母草草裹个草席，随随便便葬在田间，就埋藏了对他们的记忆。

父母看着他大概活得了，才于半年后（即1951年）为他报户口，“太苦了！”已63岁的陈燕木叹道，“当时去报，就只能报那时的日期。”

同年出生的很多名人，大多属虎。比如出生在香港的台湾地区领导人马英九，出生在台南县官南乡的台湾地区前领导人陈水扁，还有台湾第一大企业董事长郭台铭。他们个个都拼搏努力，不甘命运的多舛。

那一年，蒋介石带着大队人马登陆台湾基隆港已逾一年，5月16日发表了《告台湾同胞书》，提出“一年准备，两年反攻；三年扫荡，五年成功”。

对于陈燕木家来说，眼前的急务不是准备物资反攻大陆，而是如何生存。三弟燕标、四弟大伟、妹妹月霞、小弟勇镇纷纷降临人间，一家六个小孩，家里负担愈发沉重。

陈家的童养媳

挑起重担的是4岁就踉踉跄跄踏入陈家的童养媳——庄秀銮。这个小女孩，一进门就仿佛知晓自己的命运，幼小的手臂挑水、打柴、烧开水，照顾养母阿芬的其他小孩；大一点就做饭，洗衣服。17岁嫁给了陈家二儿子陈炎树，又开始为人妻、为人母。没有花前月下，只有责任，每天都是在灶前、田间、鱼塘旁度过，休闲、度假、追寻自我，都是遥不可及的奢侈品。

时过75年，四分之三个世纪，昔日的小女孩已经是84岁的老妇人。她端坐在位于台北市建国北路的饭店里，轻施脂粉，穿着一袭绿色套装，胸前戴着翠玉项链，看起来顶多六十出头。

妈妈与燕木母子同心

“从小要做那么多家事，有没有怨叹？”

“没有，去做就好，做完可以休息。”

“家里没钱，到七十几岁才开始轻松，有没有怨叹命运不好？”

“为什么要怨叹，我都不记得自己有吃苦。”

真的，那熬夜，那操劳，那烦心似乎没有在她身上、心上留下太多伤痕。

台湾有一首很有名的歌叫《雨夜花》（词：周添旺 曲：邓雨贤）：

父母陪伴老祖母的孝心，深藏心中

雨夜花，雨夜花，受风雨吹落地，
无人看见，每日怨嗟，花谢落土不再回。
花落土，花落土，有谁人倘看顾，
无情风雨，误阮前途，花蕊哪落欲如何。
雨无情，雨无情，无想阮的前程，
并无看顾，软弱心性，乎阮前途失光明。
雨水滴，雨水滴，引阮入受难池，
怎样乎阮，离叶离枝，永远无人倘看见。

燕木母亲戴了顶帽子，显得格外年轻

这首歌讲的是青春女孩的自怨自叹，温婉柔美，市井间的台湾女孩都会唱。但庄秀銮大概只能哼哼而已，不能把歌词当真！她不能唏嘘“花落土，花落土，有谁人倘看顾”，也无暇预测“无情风雨，误阮前途，花蕊哪落欲如何”。

同样地，那段时间在儿子陈燕木（现已63岁）心里，总像江渚上的礁石一样，任时光流淌，也不会磨灭。

没有米饭吃，只能吃番薯，“因为地瓜可以自己种，米饭只给耕田的爸爸、叔叔们吃的，他们吃饱才有足够的体力去耕田，”陈燕木的声音回荡在东莞的办公室中，清亮而辽远，似乎在讲不相干的故事，“所以米饭是给做工的人吃的，小孩子是不能够吃米饭的，只能吃粥，煮下来都是稀稀的，妈妈就用地瓜切块跟粥煮在一起，才会有料。”

儿时记忆里，母亲从来不休息，那双手总是在动着，那双脚从没停过。每天等于兼三个差，第一件工作是一大早，凌晨四点半就出去扒虾。她拿一个台湾叫作“贝黑”的工具去抓虾。“贝黑”是长长的柱子绑着一张网，在水里一放，一捞，里面会有几只小鱼几只小虾。

母亲抓了小鱼虾就马上拿去卖给养鸭的人。乡下很多人养鸭，小虾是最好的食物，富含蛋白质、磷、钙。这样下来，一天能有几块钱贴补家用。

第二份工作就是去海边卖面包。记得本章一开始所写的噶玛兰故事吗？愤怒的龙王命令虾兵蟹将把龟山岛往外海推，因此现在兰阳平原与龟山岛之间的鱼虾特别多。在宜兰的乡下，晚上海边一片宁静，每当晚上8点以后到凌晨3点，海水涨潮，就会有鱼从外海游近沙滩。乡亲们穿着长长的塑料衣，从脚到嘴巴包得密密的，犹如潜水衣，在静静的海水中捕捉鱼苗。他们拿着探照灯照鱼，拿着网捕鱼，却不用电击（太残忍，鱼是海龙王赐给他们的），也不用拖弋网，仅靠着手和脚来捉鱼苗，或卖或养或“拉系仔”（台湾话，意即放在鱼塘培养长大）。

深更半夜，捕虾人站在那冰冷的海水中，容易肚子饿。燕木妈妈庄秀銮就去面包房买面包来卖给他们。她要骑一个小时自行车到镇上，挑一个篮子，里面装着面包、可乐，叫卖给讨海人。有时生意好，很快卖完了，就可回家休息；有时讨海人不多，或讨海人收获不丰，常常到了凌晨两三点，还卖不完，只能怅然回家。

秀銮兼的第三个工作，就是晒稻谷。陈燕木家只有三公顷的地，自家的稻米收了就没事了。隔壁村庄里的阿姨农事忙，她就去帮人家晒稻谷。早上8点多工作，包吃包住，晚上5点半才回。一天30块钱，这样持续一个月左右，也可赚不少钱。

小孩怎么办？大小孩随他走路去。小弟小妹就用麻布袋做成的类似摇篮的袋子装着走，放在晒谷人家的屋檐下，睡觉玩耍。

妈妈很会应变

“知书达礼”是对人最高的称赞。庄秀銮不识字，没上过一天学，更别说知书了。但庄秀銮可说不“知书”却能“达礼”。譬如她卖面包给讨海人，有时凌晨两点多还没有卖完，刚开始只能怅然而归，面包也不新鲜了。后来她想到，如

語錄

1.. 不靠天吃饭，靠自己吃饭。

2.. 人生要有方向；设定目标，自我要求，有压力才有进步。

3. 心胸视野：海洋比陆地大，天空比海洋大，人的心胸比天空还要大。

果晚了，就大减价，本来卖两块，她就卖一块，再卖不完，干脆就送人吃。这些人吃了免费面包，第二天往往不好意思，就会叫着："唉，阿銮，来个面包。"声音此起彼落，响在宁静的海上，也响在她的心上，让她感到丝丝温暖。

回忆至此，陈燕木嘴角露出笑容："我妈妈很会应变。"

吃不穷，穿不穷，不会算计一定穷。

当时台湾落后，大部分乡下小孩都赤脚上学。但20世纪50年代后期，政府鼓励进步，规定小孩子上学一定要穿鞋。当时最有名的鞋子，叫作"中国强"球鞋。班上的小朋友都穿"中国强"的球鞋，而陈燕木没有。10岁的他缠着妈妈说："妈妈，你要给我买鞋啊。打赤脚去学校，老师同学都看不起我。"

最后，妈妈同意买一双"中国强"的鞋子。可是这双鞋子并不是给他穿的，是给老大燕飞买的。大哥比燕木大两岁。

妈妈说："我只有一双鞋子的钱。哥哥现在念四年级，他先穿这双鞋子。阿木，你现在二年级，不能穿鞋子，等你四年级的时候，再给你。因为哥哥的脚会长大，穿不下，就可以给你了。"

"可是，衣服还可以几个人轮流穿。鞋子两年就磨平了，怎么穿？！"豪迈的陈燕木有时也口出无奈。

妈妈想了个办法。燕木家到学校3.5公里，通常前3公里都是乡下路，后面0.5公里是市区。走到市区前要经过一条铁路。妈妈就规定，大哥从家里到铁路要赤脚走，走到铁路边的时候，那边有条小溪，就去洗脚，开始穿鞋；放学后，也是同样，走到铁路旁，把鞋子脱掉，放在肩上挂着，挑回来。

大哥一直照这样做。回忆至此，陈燕木嘴角露出笑容："我妈妈真是聪明。"穿了两年，传给阿木，阿木也照这样做，每天从家里赤脚走路3公里，到铁路边洗了脚，穿上雪白的球鞋到学校；晚上回来，到了铁路边脱下鞋，赤脚回家。两年后，又传给弟弟燕标。这双鞋在三兄弟脚下流转了六年，满足了学校的规定，也满足了兄弟的面子。

对妈妈的尘封记忆，如一波波海水涌上，无法挡住，更无法止息……陈燕木静静地，在半个多世纪后，在异地东莞。

"过年时，小孩子最爱的是可以领压岁钱，买新衣服，享受一顿年夜饭，所以每年除夕那天下午4点，我们孩子都先去跑步，这时候去运动，把肚子弄得饿一点，晚上才可以多吃几块肉。因为平时没有肉可以吃的，可以油一下肚子，让肚子填饱。"说着，陈燕木孩子气地拍拍肚子。

那年除夕，年夜饭后，妈妈骑车载着燕木到镇上买新衣服。因为几年来，燕木都没有穿到新衣服，坐在妈妈脚踏车后面的8岁的他，心里雀跃，犹如颠簸的小石子碎路。

永远孝顺妈妈，怀念过去那件长长的夹克

母亲在河边洗衣，勤俭持家

到了一家服装店里，妈妈帮他挑了一件白夹克，但是衣长过膝，袖子盖过手掌很多，“我问妈妈，‘这衣服太长了，我不能穿’，妈妈很耐心地向我解释：‘燕木，买完这件，我这几年都不能给你买衣服了，这个夹克袖子虽然长，但是你卷几个褶子，明年你长大了，手长了，就放一个褶子下来。’”

说到这里，63岁的陈燕木眼眶开始泛红，忍不住啜泣起来，为母亲，为自己，为在时潮村家徒四壁的陈家……

“我回家后，把白夹克的袖子卷了四褶。大年初一，我穿完后，就叠好，放到橱柜里，第二年过年，放下一个褶子再穿，四五年后，褶子全部放下来，仍然雪白得像新的一样。我没有叫妈妈再给我买新衣服。”他一面回忆着，一面低头做着放褶子的动作，几滴眼泪滴在手腕上。

诺贝尔奖获得者莫言在小说《蛙》中，描述一幕应该是他亲眼看到的场景：一只母牛费尽九牛二虎之力，生完小牛后，几乎虚脱，但母牛马上掉过头，舔噬着小牛身上的黏液，舔着舔着，舔到哪里，小牛似乎就获得了力量，等母牛舔完小牛全身后，小牛就抖抖颤颤地站起来。

母亲就是有神奇的力量。

童年的委屈、梦想、心酸、向往，都融在那几滴眼泪中，潮潮的。

穷孩子，早自立

也许在更早时，陈燕木就知道要自立。那时代的穷孩子，要读书，下课后，要尽量帮家里做事，改善家庭环境。小学一到四年级，他只上半天课，下午就用细细的手臂、单薄的肩膀，挑水去浇菜，还得去挑便（没有抽水马桶），给菜加养分。菜长大了，他会挑出嫩的部分，在家切切煮煮吃，老的部分，就剁碎给鸭子吃。

才十一二岁，个头还很小，陈燕木就骑脚踏车载着稻谷去碾米厂。母亲庄秀銮至今还记得他比脚踏车高不了多少，骑着摇摇晃晃，令大人捏把冷汗。

要不然就得去放牛，带着牛去吃草，赶牛去河里洗澡，洗完后，再牵着它们回去。牛似乎很懂事，洗完后，牵回牛棚时，它们就安安闲闲地躺在稻草堆里，大眼睛很感激地看着小燕木。

吃完晚饭，陈燕木就要迅速去读书，不管多累，多想睡觉，他还是要读书，做完当天的作业。“那时没有电灯，只有煤油灯，有个小小的火，念着念着就想

燕木（后排左三）参加台湾宜兰礁溪小学同学会，感恩林武雄老师的教导

睡觉，头就低了下来，越来越低，接着就会听到‘嘶’一声，闻到一股焦味，原来头发碰到煤油灯，被烧掉了。”

半个多世纪后，不管当时如何苦涩，回忆起来似乎已沉淀，他还能幽默地撩撩自己前额的那撮白发，“所以你们看这里特别容易白”。

也并非都是苦，《养鸭人家》（台湾20世纪60年代的写实电影）的描述让陈燕木十分开怀，似乎不再是苦工，而有着温暖和相濡以沫。下午浇完菜后，陈燕木就要赶鸭到河边，看着一群群鸭子，呀呀叫着，你搓我我搓你，其乐融融，他感觉开朗起来。傍晚，陈燕木再将鸭子赶回自己家的鸭寮。

但是鸭子会不会跑错地方，跟着其他鸭子跑到别人家呢？“我们有个方法，一生下来就要在它的脚趾上做印记。我家的鸭子在左脚趾上剪开一个叉，他家的在右脚趾上剪开一个叉，再隔壁那家就在脚踝上打个叉。彼此分得很清楚，谁家的鸭子一目了然，赶回家就可以了。”

最让他期待的是，第二天一大早，6点钟起床，陈燕木蒙蒙眬眬中就赶紧拿着油灯去看鸭子有没有生蛋。鸭子正在睡觉，油灯往往会惊动它们，一拨开，“唉，白的，有了！”鸭子有生蛋，今天妈妈就会把这个蛋放在便当中了。如果没生蛋，就只有菜脯（台语，意即萝卜干之意）。

有了蛋，那米饭少、甘薯多的饭也就可以下咽了。吃便当，也是他童年快乐回忆之一。

时间久了，他发明了一种吃便当的方式。在礁溪市区街上，有个牙科医师非常有钱，他的孩子有两盒便当，一盒是米饭，另外一盒全部是菜。燕木的便当却是米饭、甘薯，其实米饭很少，地瓜占了三分之二，然后压下来，这边放一些萝卜、青菜，中间摆一个蛋在这里。他吃便当时，那个蛋总是留到最后，因为这个蛋吃掉了，白饭、甘薯就吃不下去了（而他正在发育，需要所有的营养，即便是甘薯），所以他一面吃甘薯，一面看着那只蛋（名为视觉享受）。吃完左边的甘薯饭，再吃右边的甘薯饭，蛋始终放在中间（这叫挖山洞的吃饭方法），看着那只蛋，会有满足感，觉得饭还不错，可以吃得下去。吃到最后饭吃好了，蛋还在那里。喝一杯水，最后“啯”地把整个蛋吃下去，结束当天的午餐。

陈燕木记忆最深的是在家乡淹大水那年，他握起小小拳头，立志“不靠天吃饭，靠自己吃饭”。

他开始缓缓地叙述：

风平浪静的时候，还不算苦，大家脸上还有些笑容。如果遇上台风，连欢笑都没有了。在我小时候，台风是村人的最大梦魇。

我们家有3公顷的稻田。夏天稻米即将成熟，准备收割时，却常来台风大雨，稻田都被海水给淹了。如果三天内水退了，没有问题，但是超过三天，稻穗低头浸到水里太久，就会发芽（叫作爆芽）而无法收成了，常常因此损失惨重。1962年爱美台风来袭，一个星期内水都未退，稻米收成没指望了。当时父亲从彰化花坛买鱼苗放到鱼塘内养殖，想想看他一路从彰化到宜兰，一路呵护鱼苗十几个小时，花了一年多喂食、照护，好不容易马上就可以卖了，也被大水冲走了。我们家真是家徒四壁了，连饭都没得吃了。

当时家中二十多个人，顿时陷入一片愁云惨雾。只见父亲望着滚滚的洪水，满脸尽是无奈的眼泪。我第一次感受到老泪纵横的悲怆。他问我：“儿子啊，老爸种田、养鱼，努不努力呀？”

“爸爸，你一直都很努力啊！每天都是一大早4点钟就起来耕田了。”我想要安慰他一下。

“努力有什么用？老天不给我们饭吃，把爸爸的稻田都给淹了。我们是靠天吃饭的，现在老天爷刮台风，不让我们有饭吃。”父亲慢慢地说道，话语中带着无奈。

“为什么要靠天呢？”当下的小燕木觉得奇怪：为什么要靠天呢？为什么要

四代同堂，幸福一家

靠天吃饭？为什么不靠自己吃饭呢？于是他在13岁的时候，便已悄悄在心中种下了“不靠天吃饭，靠自己吃饭”的拼搏种子。

他们为什么要靠天吃饭？为什么要靠父母的家产吃饭？为什么要靠政府吃饭？为什么要靠主管吃饭？他们为什么不能够靠自己吃饭？一连串的“为什么”磨成他的一生，雕成他的现在。

第三章

知识改变命运
——阿木的黑书与白书

从宜兰到台北

高中时的燕木

一位黑瘦土土的“少年家”（台语，即少年），提着一个小包，在宜兰礁溪站坐上火车，走了三个小时，才到台北松山站。今天从台北出发，不到一个钟的时间就能从人烟稠密的台北到达宜兰。仿佛进入另一个世界，亲水公园、兰阳博物馆，甚至有名的宜兰三星葱，撒在平原上风味各异的餐厅，把你嵌入了另一个时空。

对陈燕木来说，他花了16年时间才从宜兰到台北。他和他的第五代先世祖陈用一样，勇于走出乡里，勇于追求梦想。

1967年，这个充满梦想、充满干劲的傻小子下了火车，要去台北。当时台湾地区“铁路管理局”（以下简称“台铁”）旗下的台北机厂技工养成所正在招铁路技工。他要到那里考试，

铁路小子沉迷于火车文化中

主办人员和他说，你到了松山站，坐6路公车，就可到达养成所。但是他连6路公车都找不到，乡下来的孩子不好意思问人，只有傻傻地站在那里。忽然，他灵机一动，想到既然是“铁路局”的单位，沿着铁轨走去，就一定可以到达。走了快一个小时，总算到了。还好，他挑对了方向，往南走（技工养成所在松山站南面），往北走，一定到达不了。

对技工养成所，他绝对感恩，在那里，他养成一技之长，完成高职学业，上了大学。尤其重要的是，在这里所学的机械，制作弹簧的经历，对他日后制作适合亚洲人的床垫，有无比的帮助。

为什么要进养成所当学徒呢?

1965年，带着父母及乡亲的期望，15岁的陈燕木进入宜兰高级商业职业学校读高职。

陈燕木是当时家里学历最高的，他大哥陈燕飞、三弟陈燕标小学毕业后（当时台湾已实行小学义务教育）就去当学徒。在那个环境，能念书念到小学毕业，然后读初中，已经非常难得。

陈燕木不满足，他知道自己没法念高中，更不要说念大学了，只能选择读高职。但上高职的学费，已经是家里最后能挤出的钱了。

为了继续念书，也为了减轻家里的负担，陈燕木在高一上学期结束后的寒假，跑到基隆港搬渔货，希望用自己赚的钱交学费。

在基隆港上空灰蒙蒙的云层里，海天连成一线，寒风中，陈燕木穿着单薄的衣裳搬货，瑟瑟的。

陈燕木上高职的开学注册费是台币1200元。而他之前已经存了900元，只需再赚300元，就可以回到学校了。

陈燕木很喜欢读书，也充分享受读书的乐趣。“大哥做学徒后，有些收入，就给我买了个书桌，小小的，方方的，我有了属于自己的读书空间。在上面我可以摆我的铅笔、圆珠笔，摆我的书，在书桌前，我能够专心地读书写作业，不必再在供桌（祭拜祖先的桌子，通常放牌位）或餐桌上做功课了。”

但是陈燕木满怀希望地回到宜兰高级商业职业学校，却被毫不知情的学校教官叫去训话：“你这小子是不是玩过头了？开学都两个礼拜了才知道来上课！”

陈燕木忙跟教官解释：“报告教官，我是去基隆港码头打工赚取学费。我之前已经存了900元，还差300元才够注册费。所以我在基隆港多打了两个多礼拜的工，把1200元注册费凑够了！”

教官半信半疑，对他说：“好，要是你第一次月考每一科都及格的话，我就相信你说的话，你就可以继续读书了；但要是你有一科不及格，我就要你休学回家。”

教官竟然是以成绩为条件，和陈燕木订这个赌约。

陈燕木很紧张，因为再过两周，就是第一次月考，但他连课本都还没有摸。要和教官打赌吗？他知道自己不能拒绝。

在接下来的两周里，他拼命用功，准备第一次月考。“饿的人脑筋特别清楚，苦的人工作特别勤奋”，他竟然真的每一门考试都通过了。他心里的石头落下来了：我终于可以继续念书了。

也许这个教官只是半开玩笑地订下了这个赌约，之后也不知道是否关注陈燕木的月考成绩，但是，当时教官的话，的确是激发了陈燕木的自尊以及拼劲。

报考铁路技工

这个16岁的男孩，早熟懂事，看到哥哥弟弟小学毕业后都去当学徒，自己成绩再好，不愿意也不可能置家里的困境于不顾。在高一下学期，陈燕木就清楚地知道，他根本不可能顺利完成三年的高职学业。如果想要继续学业，他必须在每个寒暑假，在其他同学快乐地玩耍的时候，自己拼命打工赚学费。他能淡定面对同龄人在自由玩耍，但每个学期都要自己赚够学费的话，就会耽误上课时间。

陈燕木第一次觉得痛苦又无奈，纠结得很，他萌生了休学的念头。

也许，机会真的是为有心人提供的。

在这个半大的小伙子第一次为自己的未来感到纠结的时候，他获知“铁路管理局”旗下的台北机厂技工养成所在招铁路技工！

这个消息对陈燕木而言，无异于绝处逢生。他很快做出了决定：“我要去报考！”

那时候台湾“铁路局”正积极准备进入铁路电气化阶段，不烧煤、不冒烟的火车将在通电的轨道上行驶，速度会加快一倍。这是台湾一等一的大事，政府关注，全民寄予希望。当时电视刚刚进入台湾的普通家庭中，每天晚上的电视联播新闻都有报道。台湾“铁路局”当时从美国的通用公司（General Motor，简称GM）购置了电气火车头，计划跟日本的日立（Hitachi）合作，因此需要招募相当部分维修机械的技工。

陈燕木从家乡宜兰到位于台北市东兴街38号的“台铁”台北机厂，参加铁路技工考试。

“台铁”招募技工的名额只有40个，但报考的人数是1924人，录取比例将近1：50。陈燕木以第九名的名次进入“台铁”台北机厂技工养成所，成为技工养成所第21期的第31号学生，编号2131。到今天他还牢记这个号码。

这是1967年7月1日，陈燕木刚迈入16岁，无暇顾及16岁的寂寞和善感，“我成为第21期铁路小子。”回忆中的陈燕木敲着厚实的会议桌，声音略显高亢，眉毛微挑，隐约间可见当时他考上铁路技工的自得与雄心，丝毫不输于考上大学的意气豪迈。

当时台湾有三大技工职业学校：台湾政府仿照德国工业学校模式建成的，为台湾培育专业铁路交通工业技术人才的铁路技工养成所；台塑集团创立，为培养企业人才而独立经营的明志工专；实施正规技工职业教育的台北工专。这三所技工职业学校，可以说是当时台湾培育专业技工的摇篮。

在技工养成所的日子并不轻松：每个星期三天上课，三天到工厂进行实际操作。什么都要学，从蒸汽机车到柴电机车，从火车弹簧、引擎、电焊到机工、车工、客车等全方位学习。火车还要定期开到台北机厂，他们这批小徒弟都得负责保养维修，修理检测火车的引擎、牵引、弹簧、载重等各种设备。每一次到工厂，白白净净地进去，出来后全身沾满黑油。一整天，火车上的任何机关、零件、机械，他们都得摸熟，不能有丝毫差错，老师教得严，学生学得也起劲。陈

16岁的铁路小子，扎实的技工黑手根基（后排右五为陈燕木）

燕木这样调侃自己："别人都是'白手起家'，我算是'黑手起家'了。"

陈燕木最感兴趣的是火车的弹簧，因为弹簧负责承载整列火车的重量，负责火车的安全及舒适，保障火车在铁路上行驶快速而稳定。这个"铁路小子"在黑油油的火车中，经常盯着弹簧看，惊叹于它的神奇，没想到日后他开床垫厂，制作高质量、耐用舒适的弹簧，放入床垫中，成了他的核心技术。今天在东莞运时通的办公室中、会客室天花板上吊着流线型弹簧，墙角边摆着几串火车用弹簧，会客桌上摆着弹簧雕塑，都在不断向访客诉说主人的最初生涯。

从火车大弹簧到床垫小弹簧，从铁路小子到床垫教父

要上大学

“铁路小子”当时的前景还不错。通常先从技工开始做，然后是技术员，未来可以升到工程师、机师等。在人浮于事的20世纪60年代，在公家单位，不算是金饭碗，但也算铁饭碗，五险一金都有，家属坐火车不要钱，连子女教育都有补助费，退休金丰厚，工作压力也不大，有着很好的职业生涯规划。

但陈燕木不满足于此，他已学到火车维修技术的知识，但他急切想探究铁路以外的大世界。他也许还不知道未来将走向何方，但是，他坚信“只有知识，才有出路”。

台铁东兴街的宿舍，外面是稻田，飘荡稀稀落落的昆虫声、蛙声，里面是同学们均匀的鼾声，皎洁的月光挂在天空。多少个夜晚，陈燕木惆怅自思：“我要如何才能上大学？白天要工作，晚上已累得不想做任何事，何况读书？”

但他马上否定了自己的想法：“我不能放弃，不能在这里做一生的技术员，我要上大学，出人头地。”于是他想起了上补校。

在“确立方向”“设定目标”“自我要求”“有压力才有进步”等还没有成为现代用语时，陈燕木就深谙自我激励之道。

当时台北没有几家补习学校，他脑海浮起志仁补校。这是自北京来台的王东海、王子干两兄弟在台北创建的高中，为有志向上的社会各阶层人士及需要半工半读的年轻学子，提供研习进修的学习园地。他们办学传统源远流长，两兄弟承袭父训，早年在北平创办志仁义学，免费施教、赠送图书。1948年春带了大批图书赴台，随即建立王氏宗祠、王氏图书馆，设好生育幼院，继设各图书馆分馆并赠书给各界共八百余万册，又兴建关渡公园，免费供民众游憩，当选好人好事代表并受到蒋介石颁匾褒扬。

与此同时，他们在台北市南京西路624巷（即现在的新光三越百货）开办志仁补校。在陈燕木到志仁补校上夜校前，志仁补校已经有十几届毕业生，他们从这

铁路技工，黑手技术打造床垫教父DNA（中间为陈燕木）

里毕业，走上不同的人生之路，校友还有影视明星、著名厨师等。

考上后，陈燕木白天在工厂修理火车，学习铁路技工应该了解的知识；下班后，他匆匆刷洗，坐公交车赶到志仁补校，上课五个小时，晚餐就在公交车上解决。由于对知识有着如饥似渴的渴求，即便在白天忙得连身上沾满油和汗，陈燕木都顾不了，有空时还是挤出时间翻翻课本，温习功课。翻得多了，哪怕再小心翼翼保护课本，课本也被他翻得黑漆漆，以至于一些字都被黑油掩盖住。这种书，被苦中作乐的陈燕木称为“黑书”。

诺贝尔文学奖得主莫言也体会过这种求知若渴的滋味。莫言小时家里极穷，吃都吃不饱，别说读书了，但是莫言钟情于读书，有书人家通常有钱，可以雇人做工，因此他自愿去磨米，不拿工资，只是要求借书看，他把书摆在旁边，一边磨米，一边看书，翻页时，常常会弄脏，晚上做完工，把书归还雇主前往往让他很忐忑。

有“黑书”，当然就有“白书”。每学期开学前，陈燕木特意到三民书局买两套同样的课本：“黑书”用在铁路技工所挤出的闲暇时间翻阅，“白书”则在志仁补校时使用。而陈燕木每次到志仁补校上课前，都会把全身刷洗干净，以防“白书”被自己弄脏。这“白书”就犹如他神圣的领土，不准污蔑，也不准他人入侵。“他就是很爱干净，小时候，别的小孩出去玩，一回家，不管身子多脏，就躺在床上睡觉，他却会很仔细地洗完澡，干干净净就睡觉。”他母亲庄秀銮50年后还清晰记得。

虽然志仁补校上课的时光让他看见火车外的天空，满足了他的求知欲，但是通常到补校上课的学生，只希望获取文凭，学校老师不会针对升学做特别教导（也就是台湾知名的恶补）。教学内容与他的期望大不相同，三年后不可能考上大学。“当时在台湾考大学，粥少僧多，录取率只有20%左右，我觉得要考上大学，除了在志仁上课，还得另外下番功夫。”因此，陈燕木选择了上补习班的方式。这一补习，就是一年。

大华补习班位于台北车站附近的南阳街上——分布着大大小小各种补习班，是专门为参加7月大学联考落榜生举办的秋季班。所以，从8月1日开始，必须上足密集的20周的课程，“一周要上40个小时的课程，共800堂课。一般是星期一到星期五每天晚上上4个小时，星期六可以上8个小时，星期天就要上足12个小时的课”。他开始过上饿着肚子追公交车的日子（没时间吃晚饭，要交志仁补校和大华补习班两个单位的学费，有时能省一餐就是一餐），这次是要追三边，铁路机厂、志仁补校、大华补习班。忆起当年的补课强度，陈燕木的眼中，有自豪，有怀念，也有淡淡的辛酸。

补习班里，学生虽是落榜生，但都修完了高中三年的学业，只是复习。因此老师都针对考题教导，不会从头再教基础理论课程，陈燕木却没有学过高三课程，只能听得一知半解。似乎命运注定，他总要比其他人更拼搏，更努力才行。吞下了自艾自怜，陈燕木拿起课本，拿起笔记，牺牲睡眠，一面读高中课本，一面上补习班，同步学习，“黑书”“白书”总是在他的书包里随着他的匆匆步伐而跳动。

就是这样的环境，陈燕木利用这些碎片时间，顺利在志仁补校毕业，之后还以392分（当时满分是600分）的成绩，考上辅仁大学企业管理学系日间部新生，成为志仁补校创立以来首位考上大学的毕业生。

这是志仁补校零的突破，也是陈燕木人生的重要转折点。“我们不能改变环境，但可以挑战环境。安逸让人满足于现状，停滞不前，压力强迫自己成长，突破自己的极限。”这是他那段日子的写照，也是他一直用来告诫自己以及公司同仁的警句。

生命中的第一位贵人

陈燕木一直非常庆幸自己能上大学，并多次强调，他能上大学，在当时的整个社会环境来讲，是一件极其难得的事情：“台湾当时每年考大学的有十几万人，只有2.5万人能上大学，录取率是25%左右。因为学校只有那么多，其他人必须重新来，或者是做其他的事情。辅仁大学是私立学校中最好的学校，录取的是前10%。现在台湾的大学录取率是98%，甚至100%，任何人都考得上，学生素质也相对变差了。以前说到念哪所学校，就知道你孩子的水平。”

他一直很感念志仁补校，不仅因为志仁补校让他能挤进大学，而且当时的校长王永高先生，对他的床垫事业也助益甚大。“王永高校长是我生命中的第一位贵人”。

原来，在陈燕木刚开始他的床垫事业的时候，他曾经到欧洲参观家具展。他看展后的最大感受，就是希望给工厂添购自动化的生产设备，以增加床垫制造的效能和质量。但是一整套这样的自动化设备，售价是台币600万，陈燕木手中只有100万，只是此套设备价钱的六分之一，根本买不起。

500万的距离！陈燕木犹如饥饿的人，看着香喷喷的满桌佳肴，可是一摸口袋，发现钱根本不够，而且差的钱不仅是一点！希望与现实的差距不能以道里

語錄

1. 四感体验：感恩——父母养育；感激——老板提携；感谢——同伴扶持；感动——团队合作。
2. 意愿唯一，方法无限。心态重于事态，EQ>IQ，道>术。
3. 学历是过去的历史History，学力是现在的能力Ability.
4. 见贤思齐：看看别人，想想自己，为什么别人能而我不能。

计，陈燕木只得认命。

这件事一直堵在陈燕木的心里。

有一天，他回到志仁补校，找王永高校长聊天，聊到这件事。

陈燕木说："校长，如果我有这样一套自动化设备，工厂的效能肯定能大幅提升，我的床垫的质量绝对远远超过别家的！可是现在我缺500万买这套设备，该怎么办才好呢？"他的语气豪迈中带着无奈。

王永高校长立即肯定了他的想法："你这个想法很好，我认为相当值得进行。钱不够的话，你可以找银行借借看。"

"可是，校长，我名下没有任何的不动产或是资产可以作为贷款抵押，银行怎么可能借钱给我呢？"

"没关系，银行不借，这500万，我直接借给你！"

"校长，我回来是给你报告我的工作情形的，不是来跟你借钱的。"陈燕木非常惊讶，那时，陈燕木根本没有想过要向他借钱。

"没关系，我借你500万。"王永高校长再次强调。

"校长，我手边没有任何抵押品。"陈燕木惊讶过后，有点不安。

"你就是抵押品！你是目前志仁补校唯一一个考上大学的学生，我愿意借给你这500万。"王永高校长讲出了他愿意借钱的原因，又继续说，"不过，你要答应我一个条件，就是每年学校开学的第一天，你必须回到学校，以校友的身份，给新入学的学弟学妹们演讲，激励他们用功考取大学。”

陈燕木非常感动，眼泪夺眶而出。他立即答应了王永高校长提出的这个条件，而且保守这个承诺近四十年，直到今天。

此后每年志仁补校开学第一天，陈燕木都会到学校大楼的六楼楼顶阳台（志仁补校的广场在阳台），在探照灯的照射下，向刚进入志仁补校的学弟学妹们演讲，鼓励他们努力读书向学。

他指着自己1981年的行事历，9月1日晚上6点有演讲的约定，还有他当时做的纸条，那是演讲的大纲，泛黄的纸，苍老的活页，字迹已模糊，但是对师弟师妹的热情永远不变。

当然，当公司逐渐获利的时候，陈燕木也顺利地将500万元还给了王永高校长。

燕木从火车技工做起，“黑手”起家，打造跨国家具集团版图

第四章

穷小子念大学

考上辅仁大学

“你是哪个学校毕业的？”

“志仁补校。”陈燕木一如往常的精力充沛，大声回答。

“什么学校？没听过。”同学一头雾水。他们多半来自北一女、北二女（现为中山女高）、建国中学、师大附中、台中一中、台南一中（都是台湾的名校，也就是大陆所谓的重点高中）。有些同学还带着鄙夷的语气。

考上辅仁大学，是陈燕木辛苦多年的回报，的确不容易，十几万考生当中，只有前10%才能考得上辅大。

当时在台湾，好大学都是公立大学，如台大、政大、师大、清大、交大。私立大学里，就属位于新北市的辅仁大学和台中市的东海大学最好。

辅仁大学为直属罗马教廷教育部之天主教大学，历史悠久。1925年由美国本笃会于北京创办，迄今近九十年。初期设大学预科名为“辅仁社”，1927年北洋政府准予试办，正式将校名改为辅仁大学。1952年因院系调整并入北京师范大学。1960年中国主教团（后更名为中国圣职）、圣言会（及其共同合作者圣神修女会）和耶稣会共同参与复校计划，开创辅仁大学在台湾办学之路。迄今为止，

台湾辅仁大学同学会（第二排左一为陈燕木）

海内外校友共计逾25万人。

辅仁大学的历史可歌可泣。教务长刘半农为著名作曲家及声乐家。卢沟桥事变后，北平沦陷，其他院校则早已停止或横遭接收，独辅大为中流砥柱，孑然屹立。因为辅仁大学与德国的关系深厚，主持人大多为德籍司铎（除少数美籍教职人士被拘集中营），才得以继续开办，弦歌不辍。

许多辅大师生因参加抗日爱国运动，惨遭敌军逮捕、凌虐。如英千里、张怀、董洗凡、叶德禄及附中教员叶纯良等14人被诬陷为国府间谍，入狱遭遇非人道待遇，至抗战胜利始恢复自由。全校外国师生为了抗日，付出惨痛代价。

辅仁大学一向以贵族学校著称，师资都是欧洲人，因此很多系所如外文系等特别吃香，同学也很洋气。当然有些人觉得陈燕木太土，又太穷。穷小子正为巨额的学费、住宿费一筹莫展，已经没有时间顾及同学对他的感受。他找到了一个学校工读生的工作，这个得感谢学院的王世杰教官。陈燕木去跟王教官说："我没有钱交学费。"王教官就说："你没钱可以来当工读生，一小时8块台币。星期天到宿舍里的柜台值班，人家宿舍有什么问题，你就帮忙办理，服务同学。"陈燕木扳起指头算算："我白天可做8小时，晚上又做4个小时，12小时乘以8块不就是96块钱吗？"

辛苦打工赚学费

除此之外，陈燕木还要想办法去做家教，但是家长都喜欢台大、师大等大学的学生，公立大学轮完后，才轮到私立学校，所以陈燕木也没有希望。这时，陈燕木认识的一位在“铁路局”做警卫的，说儿子需要补习，但是他家住在松山，辅大在新庄，当时的公交车一趟就要两个小时。

每个星期天，他从新庄出发，去教这位警卫的儿子罗国俊数学，从下午教到晚上，不但有一顿丰盛的晚餐，罗妈妈还会帮他打包第二天的菜，所以他不但有家教费，而且有两天的菜可以吃。“所以家教当天我就吃得很少，知道晚上有好吃的。”他回忆。后来罗国俊考上政治大学新闻系，又到美国留学，曾为台湾联合报总编辑，现为台湾联合晚报社社长。教出这个社长学生罗国俊，这是陈燕木一生的骄傲。

但是这也不轻松。星期天晚上做完家教后，陈燕木还要坐两个小时车回辅大，到时常常是深夜11点多，甚至12点。他就得事先和同学讲好，把宿舍窗子打开，到学校后，就可以翻墙进去。一旦被发现晚归，不但教官会申诫处罚，还可能失掉他的宿舍柜台工读生工作。

人生导师吴秉恩院长（左二）、高义芳老师（右二）、大儿子冠宇（右一）

語錄

1. 两种态度：品质态度——品质绝不妥协（Quality Never Compromise）；工作态度——工作追求完美（Pursuit of Perfect）。
2. 三才策略：人才、人材、人财。
3. 成功三心：责任心（Responsibility）、上进心（Progress）、企图心（Ambition）。

所以星期天，同学到台北开舞会、郊游、烤肉、钓鱼、与女孩子约会，在男舍柜台，在新庄往台北市的冒着黑烟的汽车上，总能见着一个消瘦的身影，或低头读书，或遥望远方思考，这个男孩正在实践自己的诺言——“不靠天吃饭，靠自己吃饭”。除此之外，他寒暑假都出去打工。寒假刚好遇到过年，陈燕木的书法很工整雅致，他自己就挥笔写春联：普天开景运，大地转新机；花开春富贵，竹报岁平安；远山含紫气，芳树发春晖；辉光遍草木，芳气满山川。

本来他只是用纸写，然后在菜市场附近卖，但是后来发现制作成塑料春联更好卖，还可以批发给杂货店，等于又有一笔收入。于是陈燕木写完后，就拿去工厂制作成塑料春联，一方面自己零售，一方面批发给杂货店。年轻的他还没学过企业理论，但已经知道一贯作业、垂直整合（写、印刷、塑料制作）及销售管道多元化（小店及自己卖）。

辅大属于私立学校，学费不赀。陈燕木暑假也得打工。那时台湾塑料产业刚刚发展起来，王永庆的台塑企业高速生产出各种塑料制品，既供外销，也供内销。他跟着大哥到全省各地夜市去卖从工厂批发的塑料锅碗瓢盆、水桶等。

“我的人生就是拼搏的人生，下一代不会如此拼了。那是不拼就没饭吃的年代”，想到这里，他显得格外沉默。

除了开源，还得节流，最大的花费是吃。尤其年轻人，食量大，营养够才能干活。“辅仁三分之一都是台北市的有钱人家的孩子，一吃饭，盘子里都是肉啊菜啊，都挑鸡腿、鸭蛋，一餐就要快20元。”他至今记忆犹新，“我只能买那个包子5毛钱，包子怎么啃得下，餐厅的阿伯认得我，就舀给我一些肉汤，再送我些酸菜，我感谢得不得了。这样才能下咽，买三个包子才一元五角，就可吃饱，很少一顿超过两元。”吃饱后，他立即跑回忠孝宿舍值班赚钱。中午没有休息，完全是拼命的人生。

他似乎也如妈妈，对自己的境遇没有怨言，只是做，但又比妈妈幸运太多，遇上了有史以来最繁盛的时代，因此成就了他的跨国床垫企业。今天他要吃什么都可以吃，只是顿顿佳馔，餐餐美味，会得文明病，对健康不佳。也由此可见，人在不断改变，正如趋势作家艾尔文·托夫勒所说：“改变不仅在人生不可或缺，改变就是人生。”

陈燕木对课业，不只要拼搏，还要追求完美。尤其是英文。辅仁大学非常注重英文，有些课还全英文授课。但陈燕木从小在宜兰长大，后来在志仁补校，英文都是马马虎虎过关，发音不标准，不敢讲。

大一、大二时的陈燕木，对英文课避之唯恐不及。英文会话课，全班都要讲英文，不许讲中文。陈燕木听不懂英文，于是，和希望被老师忽略的几个同学，跑到后面坐。后来老师注意上他们了，叫他们坐在前面第一排，真有点“搬石头砸到自己脚”的挫败感。

身穿学士服的父母，鼓励子孙多念书

到了大三，他痛定思痛，立定志向，要学好英文，想办法突破，进而克服。他用拼音符号“b、p、m、f”给英文注音，比如apple，苹果，ap.注音之后再来读英文，虽然发音还是怪怪的，但容易记多了。

后来，陈燕木靠着在大学打下的英语根基，在世界各地结盟、签约、打市场、观光，再次证明当初的拼搏很是值得。

知识就是力量，是彻底改变个人命运的第一推动力。拿破仑曾说：“真正的征服，唯一不使人遗憾的征服，就是对无知的征服。”当时代巨轮滚入21世纪，知识不仅改变命运，更创造财富、自由，使我们不至于滑入冰冷的深渊。

古今中外，屹立在世间最璀璨、最明亮的那颗明珠应该是“知识”吧！

第五章

白手起家初创业

蔚蓝的太平洋上，躺着一个面积占世界第127位，其中三分之二还是山地的小岛，它没有足以傲人的自然资源，每出口一元货物，要花两角钱买石油。西北面又有强大的敌人对它虎视眈眈，40％的财政预算必须用在军事上，无异于用一只手打世界经济大战。

三十多年来，这个独臂战士——台湾，满怀旺盛的生命力和进取心，快速攀登从无到有，从贫困到丰足的阶梯，使得国民生产总值（GNP）跃登世界第39位，输出额高居第14位。只占中国大陆面积千分之三的台湾，却悄悄勇夺近二十面经济竞赛金牌，“台湾第一”这个印记，已扎扎实实刻在纺织业、鞋业、拆船、机械业等。

台湾的经济发展始于20世纪60年代初期，与现今的大陆相似，借着充足的劳动力和全球化国际分工，台湾重点发展劳动密集型的加工产业，在短时间内实现了经济腾飞，与当时的香港、韩国、新加坡并称为“亚洲四小龙”。

接手三弟的简陋床垫厂

当时的台湾，犹如中国大陆90年代，小商家、个体户、集体户林立，全民皆商，有人称“十亿人民九亿商，还有一亿待开张”的时代，商机、创业、赚钱处处充满这个岛屿的角落。

陈燕木家是宜兰非常普通的一个农村家庭，为了生活，更为了改变自身命运，也搭上这列经济发展的高速列车。

陈燕木在辅仁大学念书的时候，常常在假期自己做一些买卖，或是跟着哥哥做小生意，赚些钱。

在大三暑期，陈燕木跟大哥陈燕飞到了台中市的中华路夜市，在人来人往的马路边摆地摊，专门卖塑料五金用品。那时，塑料大王王永庆设立的台塑集团，大量制造输出塑料产品，衣、食、住、行，锅、碗、瓢、盆都离不开塑料。兄弟俩从台北后火车站买了一大堆货，两人各骑一辆山叶（Yamaha）50c.c.的机车（即摩托车），将货品绑满在车尾，沿路骑车下台中，在夜市兜售。那时一个月就可赚到十几万台币（相当于现在50多万），把陈燕木一年的学费加生活费全都赚回来了。

有天晚上，约莫11点多，兄弟俩正在台中市中华路夜市吆喝叫卖得起劲，一辆机车在兄弟俩的摊位前缓缓停下，这时一个熟悉的身影忽然出现在他们面前，原来是三弟陈燕标从台北骑机车来找他们。就在陈燕木跟大哥诧异的时候，三弟便开口说道：“大哥、二哥，我接到兵单了，准备去当兵。”陈燕木和燕飞准备开口祝福他，三弟却赶紧说：“是这样的，我被分发到金门外岛去当兵，所以要离开台湾，我在台北三重市有间床垫工厂，就要麻烦你们照顾、经营了。”

三弟陈燕标小学毕业后，14岁便到外面工厂学习做床垫，18岁就自己创业，开了间床垫工厂，取名 “协荣弹簧床制造厂”。工厂位于台北三重，他自己带了个徒弟，在工厂内设立了两个工作台，便开始制作贩卖弹簧床垫。最早的时候，以手工方式，一天大概可以做5张弹簧床垫，白天做完床垫后，晚上便用三轮车拉

陈家三兄弟——飞（右）、木（中）、标（左）

到位于正义北路的家具店兜售。当时一张双人弹簧床大约可卖台币1000元，每卖一张可以赚取15%的毛利，一天大概可以赚得台币750元。

如今三弟要去当兵，他希望大哥、二哥可以接下他的床垫工厂，不要让工厂停掉。大哥当时回他说："我卖五金，一个月可以赚台币十几万元，你的工厂只能赚两万多，我怎么可能去接你的生意？"三弟搞不定大哥，于是将目标转向二哥。陈燕木也赶紧拒绝他，说："我现在在读辅大企管系，大学的课最重，你现在要我接，我要怎么顾学业？"这回，三弟非常巧妙地回答："二哥，你不是学企业管理的吗？现在我的工厂正好给你实践管理的机会，不是很好吗？"燕木反问道："你的工厂现在只剩下一个师傅，我是要管理什么？"

三兄弟当时并没有达成共识。当天收摊后，三兄弟到了台中公园附近的一间宵夜摊吃宵夜，顺便喝点啤酒。其间，三弟一直紧抓着陈燕木不放，要他接手床垫工厂。到后来，也许是被三弟缠怕了，大哥也对陈燕木说："干脆你接了吧？"三弟也赶紧承诺："二哥，你就把我的工厂当作你的实习工厂，我当兵完你再还给我就行了。"

在兄弟情深的感召下，陈燕木答应暂时接下三弟的协荣弹簧床制造厂，帮他经营管理，让他安心从军服役去。

陈氏家族，用心打造台湾床垫业传奇

很难想象，今天遍布大陆、台湾地区甚至营销到美国、东南亚的运时通，是1973年从台中夜市的一个啤酒摊上孕育出来的。

读大二的文艺青年陈燕木就一头栽进了床垫家具产业，正式进入了床垫业的世界，从过去修理火车的大弹簧，转变成专注床垫内的小弹簧。“没想到一晃眼就是四十个年头。”陈燕木点着册子上“运时通40周年”的logo，2013年3月他们在东莞举行了盛大的40周年的庆祝会，为了感谢大陆市场给他带来事业的第三春，也关心大陆14亿人民的睡眠，因此成立“国际健康睡眠研发院（ISRI）”，今后将定期举行国际睡眠研讨会，邀请国际睡眠专家，探讨、改善中国人的睡眠习惯，“让中国国力一定强。”对中国人有深深期许的陈燕木说。

“三燕牌”的诞生

陈燕木接手了三弟的床垫工厂。当时他还在辅大念书，工厂的日常作业怎么办呢？不可能为了工厂把学业给停了啊。陈燕木心里着实没底：床垫厂微型又简陋，只能摆放两张并排的桌子；除了自己，就只有一个员工；自己这个现成的“老板”，还是一个毫无管理实践能力的大学生！这样的困境就赤裸裸地摆在陈燕木这个20多岁的小伙子面前。

但年轻就是本钱，那是段骑山叶摩托车冲来冲去的岁月，工厂、学校和客户三点一线的生活，灰灰的天，蒙蒙的地，但是他的心清亮，唯有拼搏，才有出头天。

不管寒风酷暑，大雨倾盆，骑着摩托车的陈燕木，走过以三重工业区为中心、方圆100公里的范围。当时台北的路多是柏油路，有时候要走到比较乡下的地方。炎炎烈日下，陈燕木骑着摩托车，经过柏油路、泥路，一天下来，车子都脏兮兮的，连自己的鼻子都不能幸免，鼻孔都是黑黑的（当时台湾污染严重，出去后两小时回来，鼻子就是黑的）。

在这种有点“赶鸭子上架”的情况下，陈燕木开始学着运用企管系所教的人力资源管理，将就将就吧！把工厂里唯一的师傅余基赞升起来做厂长，让他再聘请两位学徒，由他们负责生产，陈燕木自己负责业务、接单、开发、维持客户关系。

台湾中小企业就是这样发展出来的，小来做徒弟，出师就做师傅，然后做厂长，接着就“宁为鸡口，无为牛后”开业去，当起老板，然后提着007手提箱，飞到美国、中东、日本去找生意。名满大陆的统一企业（包括麦香红茶、茶里王、酸菜牛肉面）董事长高清愿就是循此，从学徒到第一大食品集团的董事长，没有职业规划，没有性向测验，只有看准时机，奋力一搏，犹如豹子看准猎物，一扑而就。

不久“陈家床垫”从日产六张、七张、八张、九张……到二十、三十张，在北台湾闯下了一片天。但这家的床垫没有品牌，正如一个美丽少女，却没有名字。

陈燕木开始想，应该叫什么呢？询问三弟对于床垫品牌的意见，他建议用“狗标”来当作品牌的名称。陈燕木一听，便犹疑地问他为什么要用这样的名字。三弟回答：“因为我叫阿标，而且台北最有名、流行的服装店就叫作狗标服

語録

1. 万贯家产三顿饭，千栋豪宅一张床。

2. 人生三对：入对产业、选对公司、跟对主管。

3. 三场行动思维：坟场——“爸妈”你在里头，我在外头，孝顺父母难；商场——“客户”你在外头，我在里头，了解客户难；职场——“钞票”你在外头，我在里头，增加收入难。

装行，位于延平北路第九间。”

的确，当时台湾很流行这个“狗标”商标，例如狗标感冒药、狗标肠胃散、狗标……

陈燕木不太满意这个名字，但一下子也想不到适合的名字，所以打算先用“狗标”试试。当时在辅大教授陈燕木行销学的是萧镜堂老师，陈燕木把“狗标”床垫品牌当作自己的研究个案，拿到课堂上来讨论，就是很流行的“脑力激荡”个案讨论(Brainstorming)。当时同组的同学都觉得这个名字够fashion，不错！

但是萧老师看了这个名字马上便反问燕木：“行销管理的第一步就是要了解你的目标客人，从消费者角度来看问题。请问你们床垫的目标客户是谁，给谁睡的？”

陈燕木毫不犹豫地说：“当然是要给人睡的啊！”

萧老师接着说：“那就对了，是给人睡的为什么要叫狗标？又不是给狗睡的，这样的名字不雅，拿回去重想。”萧老师很能回归事物本质。的确，商标兹事体大，犹如人的名字，跟随商品的一生，人和狗怎么能相提并论？

被退件后，陈燕木和组员们（这些组员日后都在社会上有一番发展，有现任仁德医护专校董事长张志诚，鸿儒纺织副总经理洪成龙，旅居美国的洪舜惠、冯中台等同学）便到咖啡厅，继续研究品牌命名的事情。这时有个同学忽然说：

"你们家三个兄弟，不是叫作燕飞、燕木跟燕标吗？刚好是三只燕子，就叫作'三燕牌'如何？"当时他们还讨论：三只燕子，不就刚好是公燕和母燕，生下一只小燕子吗？这和床垫所蕴含的传宗接代的意义正好一致，就和一父一母，生下一个小孩一样。他们决定命名为"三燕牌"弹簧床，这个名称也获得了萧老师跟三弟的认同，在台湾市场使用至今。

这也证明年轻人有无限创意，也有创业精神。微软创办人比尔·盖茨、苹果创办人乔布斯、脸书创办人扎克伯格都是大学毕业前，就在家里车库里开始高科技生涯，谁能说，他们经验不足，嘴上无毛，办事不牢？

自1973年大二的暑假从三弟手中接过床垫工厂后，陈燕木灵活运用学校所学到的企业管理知识，在两年内逐渐将销售市场扩大到整个北台湾，工厂生产线扩张成六个员工，每个月的毛利从两万多变成十万多元。三弟退伍后重回床垫厂，其时五金销售也较为困难，于是大哥也加入了。随着台湾经济持续发展，床垫越卖越多，陈燕木三兄弟觉得应该添购自动机器。看到有同行在用，陈燕木认为非有不可，就向志仁补校王永高校长个人借款500万元，添购自动化生产设备，让工厂得以顺利达成现代化的目标。

吴敦义先生勉励第十五届台湾创业青年楷模（左一为陈燕木）

链接：床垫历史

没有采访陈燕木之前，不知道床垫有这么丰富多彩的历史。今天我们睡床垫，理所当然，也很少能想到床垫发明之前，我们睡什么，床垫是如何发明的。很多人都知道，我们一生之中有近三分之一的时间，是躺在床上度过，选择一张适合自己的床垫是很重要的。“万贯家产三顿饭，千栋豪宅一张床”，陈燕木自创这番语录。

大家看中古时期的电影，西洋人多半是木板，垫一点棉花，就可以睡觉。中国人也是如此，睡木板床，或者在木板上垫上一两层棉絮，以便躺得舒服。1900年，美国人席梦思发明了袋装弹簧床垫，以前我们叫洋床，或者席梦思床，就是以此人命名。席梦思申请了袋装弹簧床垫的专利，这个专利在1997年就到期了。一旦解除专利，床垫业者如雨后春笋般兴起。对新来者，是机会，也是挑战，很多厂商都可以自由做了。

但袋装床垫并不是最符合人体构造的。后来，一个叫作马歇尔（Marshall）的美国人发明了独立桶弹簧（Pocket Coil）。随着时代的发展，床垫也变得越来越舒适，越来越人性化了。到20世纪初期，丹洛甫发明了橡胶发泡软垫；1932年，意大利马里奥·贝里纪把聚氨基甲酸泡沫用在床垫；第二次世界大战时，德国路易斯·考拉尼还设计了一种椭圆形床垫，并按人体躺在床垫上不同部位的体压，分成软、中、硬的三个部分，使人体骨骼保持最佳状态。近年来，一种“主动响应弹簧系统”出现了，它改变了以往惯用的弹簧构造形式，使人更加舒适，弹性持久不变。有些弹簧床垫还与聚酯发泡结合，软硬度可随人选择。而有些特制床垫，更是根据个人的骨骼构造为客户量身定制，对骨骼、脊椎都比较好，而且能够达到躺在床上就如按摩的效果。

“现在流行的床垫依次是标准弹簧床垫（Bonnell）、袋装弹簧床垫、记忆床（Visco），以后呢，会倒过来，记忆床会越来越多。”陈燕木认为未来的床垫趋势应该如此。

兼任业务和研发的老板——父亲

一间床垫厂，串起了陈家三兄弟。从三弟创办、二哥接手，再到大哥加入，之后床垫厂变成三兄弟联手经营，大哥燕飞担任董事长，二哥燕木是总经理，三弟燕标是经理，后来四弟大伟也加入。可谓兄弟同心，其利断金，连爸爸都在工厂里担任要职，为工厂发展做出了杰出贡献。

父亲陈炎树原来甘于过种田、养鱼生涯，后来台风暴雨阻断了父亲的种田养鱼的道路。为了贴补家用，父亲选择了当一名矿工；为了赚多一点钱来养活一大家子，父亲选择了高危的爆破工。多年下来，只戴一顶安全帽作为防护措施的陈炎树，耳朵濒于半失聪。而这次，这个半失聪矿工也重新出山，为儿子们的事业发挥余热。

父亲陈炎树加入企业，做最重要的一件事：送货。他跟开车的司机一起送床垫给每一个经销商。在台湾新竹有家新协兴家具公司，老板叫洪清吉。陈炎树从三重送家具到这家公司，还亲力亲为，帮人家铺好，家具订好，一切都完妥后才走。在这段时间里，父亲问了客户很多关于市场的消息，收集客户的反馈意见。回到家时，就把和客户交流的信息告诉儿子们。父亲在送货的同时，也很会与客

老爸炎树与燕木父子同心

户打交道，与客户的人际关系不错。“我爸爸很喜欢吃槟榔，也很会做人际关系。他去送床垫的时候，都会买一包槟榔带着。到新竹后，就给老板和送货的人吃点槟榔，逢人客客气气。久而久之，人家就喜欢我们的床垫。”陈燕木回忆起父亲当初和客户打交道的时候，脸上骄傲中带着思念。

可见“接近顾客，了解市场信息”的管理理论，其实早在三十多年前，这位小学毕业的矿工就已经在做了。

陈炎树在承担送货、推销业务的同时，还兼研发工作。他做床垫研发的技术，来自之前做爆破矿工的技术。做过火车大弹簧的陈燕木觉得父亲很厉害：“虽然我是做弹簧的，可是工厂是我爸爸在管理。因为我爸爸以前是做爆破的工作，所以对做弹簧的拉力、扭力、各项实验及生产技术均有深厚的功底。”

总之，在前期，父亲和儿子们一起打天下、开拓市场，总结起来，就是“做业务、做弹簧”。陈燕木结婚后，床垫厂渐渐成为一个比较规范的家族企业。这时，父亲成了工厂的总协调者、总管理者。为了维护公平管理原则，老爸下令了：“工厂会计由妹妹（女儿）陈月霞来担任，你们几个兄弟的老婆都不能碰财务，只有妹妹能碰，妹妹负责报账，当财务总管。”

这样的分工一直延续到陈燕木几兄弟分家。

设计适合中国人的床垫

最初，陈燕木还没有意识到床垫质量的重要性。后来在跑业务、与客户交流的过程中，得到了客户对自家“三燕牌”床垫的反馈意见，他不断改善加强床垫的软硬度、尺寸以及耐用性等，对质量绝不妥协。

在还没有核心竞争力理论和流行客户关系理论时，这个青嫩大学生以自己的

陈燕木理事长带领台湾家具公会到日本琉球考察

方式来体会、锻炼。

陈燕木发现，要让“三燕牌”在多家床垫中不被淹没，甚至脱颖而出，首先必须改善床垫的质量，适合中国人的睡眠习惯。

这个曾经学习、修理火车大弹簧的年轻人，开始了对床垫小弹簧的深入学习、研究以及设计。

陈氏床垫厂在1983年取得美国蕾丝Restonic的亚洲总代理，曾把全台湾的代理权给台湾国泰信托所属的金原阁家具，陈氏床垫厂负责生产。当时是直接拿美国的床垫技术回台湾销售，但反应冷淡。

陈燕木从客户方面了解到了原因。原来，是因为蕾丝的床垫太软了。欧美人人高马大，软床垫较能贴合人体，中国人及亚洲人体型轻巧，睡下去就太软了，不舒服。于是，这个曾是铁路局黑手技术员的老板，想到当年学到的做弹簧技术。

陈燕木首先针对床垫里的弹簧进行改造，改造了弹簧口径以及弹簧的强度。

“美国床垫用的是大口径的弹簧，所谓的大口径，是直径75毫米，就是2.5寸。当时台湾方面的直径是63毫米的，也就是2.1寸。弹簧的直径缩小以后，床会比较硬。”陈燕木一边拿着弹簧，一边比画着说，“线径（Wire Gauge）还是那么粗，但是外框缩小了，床就会变硬了。”

其次，他对弹簧进行多次热处理。这是陈燕木做的第二个改变，这个改变成为陈家床垫与其他床垫厂的最大差异点。

“一张这样的床，”他在笔记本上快速地画了一张简易床垫架子，“弹簧粒（Coil）有处理，但是连接线（Helical Wire）、框边线（Border Wire）是没有人进行处理的。热处理是在生产的时候，将弹簧垫三部分进行热处理，用电加热到280℃。加热后，床就会有弹性，而且韧性更强，会有很强的回弹力。”

这个热处理反应炉（Total Heat Treatment），听起来好像很容易，但是，陈燕木为此做了将近两年的研究。

得益于之前在铁路技工养成所的学习，陈燕木将做火车弹簧的技术转移到对床垫弹簧的研究。为此，他试了多次，不同温度来一次，不同时长又要来一次，300℃，高了；290℃，还是高了；260℃，太低了……30分钟一次，40分钟一次，到1小时30分钟又一次……陈燕木将每一次试验得出的数据一一记录，比较样本，就像烤面包，什么样的温度，要烤多久，还要顾及做面包的材质，才能又脆又好吃。

“这个东西是没有答案的，都得自己去研究出来。”

每一次做出来的试验床垫，陈燕木都请客户来试睡，并问客户哪种床垫比较好。经过这样的调查，最后，陈燕木揣摩出了“280℃，1小时”这样的数据做出来的床垫，是最佳质量的床垫。

在获得做床垫的最佳温度和时长后，将产品投入生产就较容易。陈燕木更在试验过程中，研发出一套专为床垫热处理的设备。对此他充满自豪，因为自己的产品，自己的专属设备做出来最好，“这套既不是大众化、随处可买到，也不是只要出价高就可以买到的设备”。

知易行难？或知难行易？何者为先，何者为后，只有企业创办人了解。

第六章

“喜与燕”的结缘

东莞运时通工厂占地300亩，从董事长办公室走出来就是家具工厂，其后是床垫工厂，通过长长的回廊到达工厂干部宿舍，踏上二楼，走到底就是陈燕木及太太的宿舍。两个房间，一个权充客厅，一个是卧房，跨国集团的董事长及夫人，就住在这一房一厅的工厂宿舍里。

唯一的奢侈品就是停在他们办公室外的电动脚踏车，骑上它去办公室可以快一点。

往前推30年，这对新婚夫妻不但以厂为家，而且与大家庭的二十几个人一起住，轮流烧饭、煮菜、洗碗，不管生意做到多大。“我早就习惯了。”陈燕木夫人黄喜贞说。在台湾，他们照样以厂为家，在新北市新北产业园区，五权路的运时通四楼也是他们的家，他们的宿舍。“住久了，觉得很习惯，不必通勤（即从家中往返工作地点的过程），一下楼，就可马上上班，省时间，省精力。”

每天她也是和陈燕木一样，早上上班，晚上加班，员工都已回家，只有他们两人在做当日未完的事，计划明天的行程。办公大楼里只有他们俩的办公室亮着昏黄的灯。

善于交际

1973年，陈燕木上辅仁大学二年级，接手三弟的弹簧床工厂后，经济开始好转，“三燕牌”床垫的市场越来越大。陈燕木终于不用像以前一样，吃一个5毛钱的酸菜包加上一些肉汤，不用为了自尊而把没有任何荤菜的便当带回宿舍吃，他和大学里其他同学一样，“可以吃上肉了”，可以吃鸡腿、蛋类、鱼类等荤菜，还能请同学吃吃饭。渐渐地，以前不怎么为人所知的小伙子，在同学们当中活跃起来。“以前跟同学在一起，好像要占他们便宜；经济好了，请同学们吃饭，和大家玩在一起了，很多人觉得我很好相处，是个好人。所以，自己就是要拼搏。”陈燕木在调侃自己的同时，不忘总结一下人生。

当陈燕木骑着伟士牌（Vespa，当时台湾最流行的摩托车）风驰电掣地往返台湾省一道时（他的学校、工厂和住家都在这条道路边），当他骑着伟士牌伯在校园的林荫里左拐右弯时，女孩子开始向他行注目礼。毕竟1米76的身材，虽然瘦了点，土了点，但有台摩托车，在当时很受女生青睐。不必挤公交车，两人有个小天地。而且现在有钱了，可以请女朋友吃饭，交女朋友了。

当了两年兵后，29岁的陈燕木成为讲义气、热情又善于交际的企业人。扩展市场的同时，也结交了不少朋友，很多到现在都维持着很好的关系。这些商场上的朋友觉得这个小伙子不错，聪明肯干，又不耍滑头，于是，开始介绍新的生意伙伴给他认识，扩展他的市场，又有很多人介绍女性朋友给他。

語錄

1. 孝顺定义：拆解孝、顺两字，“孝”——子承老也，为人子女应供养双亲；“顺”——树叶依川流而不息，子女当顺应父母心意。
2. 吃亏是福，注重稻子丰收，不为小鸟贪食而计较。
3. 时尚可以雕琢，气质无法伪装，内在重于外在，品质先于营销。

妈妈的结婚通牒

当然，在这拨着急陈燕木婚事的人中，妈妈庄秀銮无疑是最急切的：儿子已经29岁了，可是还没有女朋友。

于是，当时正在服兵役的陈燕木放假回到家后，妈妈发话了："阿木，你必须在30岁的时候结婚。"

29岁的陈燕木很是讶异，很多年轻人二十四五岁就赶着结婚，那时妈妈没有催过他，现在却开始催了，所以他很好奇地问妈妈："为什么？"

妈妈很慎重地说："我们家没有人念大学，你念大学时，我想让你专心念书，不催你。后来毕业了，去当兵，也不敢催你，怕你有压力。现在才敢催你，已经延误好多年，你还不结婚怎么行？"

陈燕木认真地考虑：我去铁路局修理火车，三年学习，三年下工厂，共六年，修理完就23岁了，23岁进大学就四年，27岁，当两年兵就已经29岁了，"我在我们班上是年纪最大的，当兵时也是'老人家'，人家都是20岁左右就去当兵的，我27岁才去当兵，好像连长一样。"回想起自己结婚前的履历，陈燕木大笑起来。

陈燕木便向妈妈承诺："好，一年后一定结婚，不让妈妈担心。"孝顺的陈燕木答应了妈妈的要求，毕竟自己也算事业小成，接下来的确该考虑终身大事了。于是，陈燕木开始找女朋友。

喜贞（右一）和姐妹们

穷小子宁舍千万嫁妆女

陈燕木说到做到。别人都是交个女朋友，交往三五年后再结婚，陈燕木想完成妈妈给他的指令——一年结婚。可是，这么短时间，怎么结？于是，为了提高效率，他同时和四个女朋友交往，犹如“同步工程”。他采用“科学选取法”：今天跟甲约会，后天跟乙约会，每一次约会后就做报告，分析每个女孩的优劣长短。三个月后他排除一个，半年后又排除一个，最后二选一，选了最后一个。“那时我们男女交友是纯纯的爱，连牵手都没有，只是喝咖啡聊天，最多是看电影，或者出去玩，这是很纯的情感。但在这个过程中，可以慢慢观察，保持理性，不会为爱情冲昏头。”陈燕木觉得这种纯纯的方式对现在的年轻人仍然很好。

陈燕木当时同时和四个女生交往，有的是硕士生，有的是富家千金小姐。有位女方家长非常喜欢他，愿意用1000万作为嫁妆。

“三燕牌”床垫的台中总经销商黄乘震老板，觉得陈燕木人不错，也很能拼搏，就给他介绍台中市某百货公司的千金。她是铭传商专毕业，精明能干，毕业之后在自家的百货公司任财务。黄老板刚好跟这位小姐的父亲很熟，就对他说：“我认识一个不错的帅哥，辅仁大学毕业的，姓陈，在经营床垫业。”

在黄老板的搭线下，陈燕木赴约了。

第一次是约在女方家见面。女方要求先把小伙子给自己妈妈看看。

陈燕木一身正装，买了一袋苹果到女方家。先看了百货公司，哇！好高档，不错。陈燕木默默地想。

到了女方家，陈燕木“先去拜码头”，把一袋苹果递给女方妈妈。女方妈妈一看，这小子不错，挺有礼貌的，就让女儿和陈燕木交往。几次之后，女方妈妈直接问陈燕木：“你家庭情况怎样？”

陈燕木据实以告。

女方妈妈通过几次的观察，已经认定他做女婿了，说：“你家境清寒，没关系，你娶我的女儿，我就给你1000万。”当时台币1000万对还算是穷小子的陈燕木来说，太有吸引力了，“天上掉下来的1000万”。

陈燕木心动了。但是，经过多次交往后，陈燕木发觉这位小姐蛮娇贵，有些颐指气使，他心想：“我的太太必须能和爸妈相处，也要与哥哥弟弟相处得好。”

他想起妈妈爸爸垂老的眼神，步履蹒跚的身影。尤其母亲4岁起进入陈家，还没享受儿孙满堂、子孝媳贤的日子，更是不忍“妻子可以选择，爸妈却不能选择”。他暗下决心。

这是个1000万都不能买回来的决心。

于是，他跟黄老板说：“这1000万我不敢要，虽然她妈妈喜欢我。”女方妈妈看陈燕木没有来，就问：“哎！那陈先生怎么不来啦？我觉得不错。”

黄老板如实告诉对方。

于是，这个与陈燕木有关的千万嫁妆故事就结束了。

十年后，陈燕木问黄老板：“那位女生怎么样了。”

黄老板说：“人家嫁给了一个牙科医师。”

“那丈母娘有没给1000万？”

“当然给了。她已经说好了：无论嫁猫嫁狗，那1000万都会给的。所以，那牙科医生拿了1000万就去开诊所。”

说起这段故事，陈燕木很开心，也早已释怀，“牙科医师也没钱，但他是医师啊，是比我高档嘛”。

最后，他选择了黄喜贞小姐，一个既非最高学历，也非最有钱的女生。

“1000万对于当时的我，很重要，可以作为我创业的第一桶金，而且她妈妈看上我了。只是她看不起我，那种气势让我害怕了。这给年轻人的启示就是：如果是娶妻或是嫁人，人比钞票重要。钱也许两年三年你花完了，但是人你改变不了的，所以选人比选钱更重要。所以黄喜贞比1000万更重要。今天证明是对的，她现在可以给我带来1亿、10亿。”他劝人不要沉迷于钱：“钱有四脚，人有两脚。人追钱很难，钱追人很容易，所以重要的是你如何让钱追你。”

六十次的约会，喜燕连理

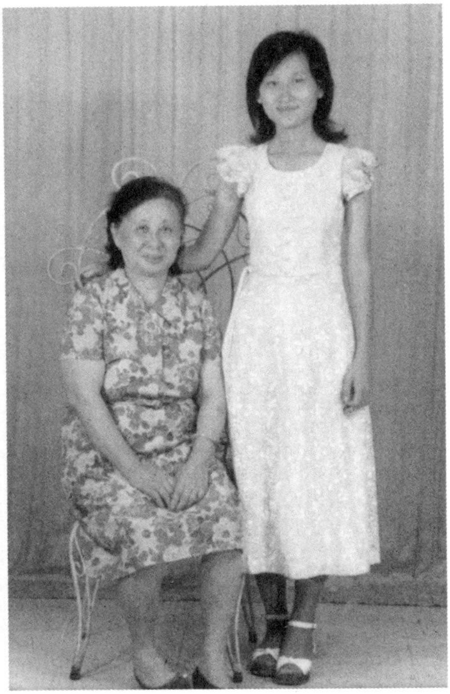
夫人喜贞与岳母

陈燕木的太太黄喜贞是台湾新生报社的刘小玲介绍的，也是当初他“同步工程”的四个女友之一。

为什么选择黄喜贞作为自己的终身伴侣呢?

刚开始他们也是普通交往，只是谈谈心，喝喝咖啡，但是黄喜贞的诸多优点在陈燕木眼中逐渐浮现。她的脾气好，很柔顺，应该可以和家人相处得好，在大家庭里需要多方包容。例如陈燕木为了谈生意、送货、研发，约会常迟到，这些她都能包容。

再过一阵子，他发现当时是新生报工商记者的黄喜贞文笔不错，可以帮他的床垫写文案，写宣传稿，“你看她气质很不错，她现在60岁，气质还是很好。还会写毛笔、弹古筝呢！”30多年后，陈燕木在东莞的凯悦酒店昏黄的灯光下，盯着黄喜贞仔细地看。

虽然台北花花世界，女强人崛起，时髦俏女郎满街走，但是陈燕木心知肚明，自己必须娶个家庭型的女孩。

“我爸爸当时说：‘你们兄弟五人的太太进来不要管公司的事，否则就变成联合国了，天下大乱了。财务由你妹妹来管理，你们兄弟四个做工，你做行销，你管工厂，你们老婆回到家里带孩子，把陈家第六代生好、养好、管好就可以了。’”

男选女，女选男，婚姻是双方的。黄喜贞出身也不错，爸爸是“铁路局”公务员，妈妈是家庭主妇，虽然上面有兄姐，但也算掌上明珠。她同样也在观察陈燕木，发现这个年轻人还不错，商场的不良习气还没有沾染太多，苦学出身很朴实，只是事业心太重，约会常常迟到。黄喜贞以为他有别的女朋友，还特别请大姐、二姐去查查看，没有发现陈燕木有别的女友，当然也没有发现他正在进行的“同步工程”。

这对年轻朋友开始彼此适应，陈燕木急躁，黄喜贞就慢下来；陈燕木因送货耽误约会时间，他们就把约会地点选在黄喜贞家附近的万华台北护专，黄喜贞可在家里等，他如果迟到了，就先打电话叫她不要出来，等他确定到达的时间，再打电话要她出来。如此解决了诸多争端。

夫人喜贞娘家，冠宇、冠翰陪伴外祖母左右

借20万当结婚聘金

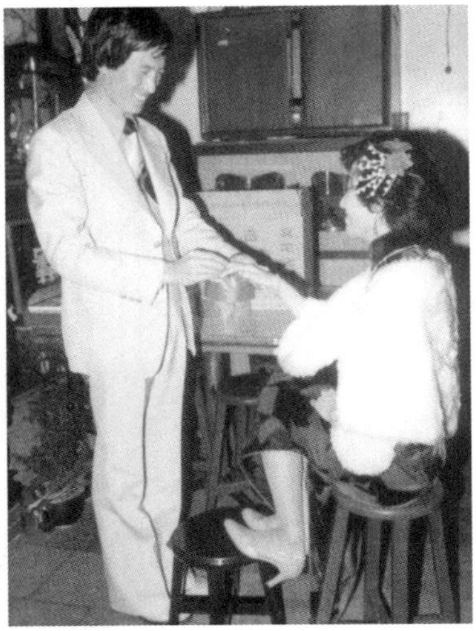
情定终身

岳父岳母是人生最大的恩人

四选一之下，黄喜贞领先，陈燕木与黄小姐经过60次的约会，理性的沟通，从教育子女、孝顺长辈、生活起居、理财看法、感情思维、事业经营、身体健康等，双方充分沟通后，认为彼此可以信任，终于决定结为连理。

这时，两件事情最重要：一个是送聘金，一个是办婚礼——都要钱。

没钱哪，怎么结婚？人家姑娘嫁给你，怎么能没钱？陈燕木很是头疼，因为当时的钱都投向工厂了。

“我们开始向人借钱。当时有一个总经销商是云林斗南一品家具的老板，叫廖盛男，他的日文名字叫作摩尼（Moni）。”

陈燕木的父亲跟他说：“摩尼啊，我家老二燕木要结婚，向你借钱啊。”

摩尼很慷慨地借了20万给他们当作聘金。

在台湾传统习俗，男方给女方的聘金，分为大聘、小聘，数目应为双数，并且用红纸包装。大聘是用来彰显男方家的排场及家世；小聘则是男方答谢女方家生养女儿的礼金。因此女方都是收下小聘，将大聘退回给男方。现代礼俗聘金已不分大小聘，在订婚当天聘金会连同其他礼数一并送到女方家，在订婚仪式结束后就全数退给男方。不过有些传统的女方父母仍会要求小聘，作为女儿添购新居嫁妆的费用。

于是，向摩尼借的20万现金，就拿去黄小姐家当大聘。当然，陈家的情况女方也了解，知道20万聘金是借来的，对此表示宽容。这20万新台币在黄小姐家充了脸面，随后退回给陈家，又还给摩尼。然而这个情分永记在陈燕木的心里，他觉得，必须好好爱护老婆，毕竟人家一分钱都没要，这在当时的台湾社会是很少见的。

喜燕结缡，山盟海誓

婚后与别克二手车的故事

1980年1月31日（农历十二月十四日），陈燕木和黄小姐结婚了。陈燕木身材修长、帅气，黄小姐娇小漂亮又温婉，应该算是“天作之合”。

34年后，陈燕木从一个破旧的印有“三燕牌”的牛皮纸袋中，拿出几张崭新的结婚请柬，请柬中写道：“人生的舞台上，我俩找到了‘喜与燕’的归属。”这份归属感留存至今。

而一张已经泛黄的《台湾新生报》中，更加记载了二人的婚史。

黄喜贞忆起三十多年前的婚后生活，可说酸甜苦辣皆有。大家庭里，媳妇必须晨昏定省，洗手做羹汤，还要和姑婆妯娌相处，更要适应拮据的生活，和夫婿一起拼搏。

令黄喜贞小姐印象最深的，是他们第一次坐车去郊游。

决定要结婚时，车子成了头等大事。大哥陈燕飞的一部灰色别克二手车是他们的结婚礼车。

有一次风雨交加，陈燕木开着别克车去机场接客户。

坐上车后，客户有点紧张地对陈燕木说："陈先生，你这车子漏水 。"

陈燕木奇怪了："这车怎么漏水？"

结果，回头一看，真的在漏水。

原来，车子的顶部生锈了，下雨的时候雨水就从车顶"跑"进来。外面下大雨，里面下小雨，陈燕木忙递给客户一把伞，客户就撑着伞坐在车子里面。一路上，陈燕木还不忘跟他说："抱歉啊，让你淋到雨了。"

陈燕木和黄喜贞婚后的第一次约会，乘坐的就是这辆BUICK。

"有一天，我要带新娘子去玩，就开着车出去。喜贞说一下我们当时是怎么开的吧。"陈燕木提出让黄喜贞讲一下当时的情景。

"那天开着别克，很旧的。结果一进去，开着还好。下车后再上车，'嘭'，车门竟然掉下来。当时还是在半路上啊。为了不影响兴致，刚好车子里有一段绳子，就用绳子绑着车门，边用手扶着车门，一路去玩。这件事让我印象很深

时尚的喜贞 Grace

冠宇冠翰两兄弟相互协助，勇往前进

刻。”黄小姐說。

燕木妻小，母子连心

陈燕木接着讲：“半路掉了车门，绳子绑起来后，还是会掉，我就跟她说：你就用手扶一下嘛。我就这样开着车，她就扶着车门，就这样一路去玩。”陈燕木一边讲一边手脚并用示范着当时的场景。

陈燕木与大哥共享这辆别克二手车，一用就是二十多年。

有朋友觉得黄喜贞小姐是《圣经》箴言里提到的“贤德妇人”的典型：第一她会持家，第二就是她会赚钱；而且她不会跟先生争执。

“一粒麦子不落在地里死了，仍旧是一粒麦子；若是死了，就可以结出许多子粒来。”

在朋友说《圣经》这段话的时候，陈燕木也在默念，觉得非常贴切。

温馨家庭，活力四射

第七章

携手合作国际品牌

要分家了

1989年，父亲陈炎树告诉几个儿子“要分家了”，并着手将家产平均分配给五个儿子。

三燕床垫正在兴旺中，兄弟们也娶了太太，有了下一代。爸爸觉得应该未雨绸缪，希望他们能分家，大家各自打拼。

父亲并没有把床垫厂列为家产，因为他也不知道怎么分——床垫厂并不是父亲创下的，而是四个儿子一起打下的天下。一起开创的三燕床垫厂，如何分呢？陈炎树当时只说了一句话：“（我）什么都没有，你们都是四十几岁的人了，你们想一起发展也可以，各自发展也可以。但有一点，你们要珍惜兄弟的情感。”

陈燕木非常孝顺父母，而且珍惜兄弟间的感情。他是当时兄弟当中受过最高教育的，希望大家一起打拼，这个家族串成的企业才能益发壮大。

当时陈家弹簧床垫厂有两样资产：一个是开发和发展都趋于成熟的“三燕牌”床垫，一个是从美国引进的、刚开始由陈家企业全面代理和生产的美国蕾丝床垫。美国蕾丝床垫是在1983年引进，当时陈家企业只负责生产部分，由国泰信托的“金原阁”（音译）代理销售，1986年国泰信托破产，蕾丝的生产和销售全部归还给陈家企业。与“三燕牌”床垫相比，美国蕾丝如同一个刚刚学走路的小孩。

“大哥对我有恩。”陈燕木念念不忘。

浮起的记忆是，大哥小学毕业就去台中做面包店学徒，每次回家都会从自己省吃俭用下来的钱中，掏出些给他做零用钱。

那个小木书桌，记忆依旧深，那是他人生的第一张书桌。

陈燕木当时上初中，在农家，父母很少会专门给小孩子买一张书桌，孩子们都在供奉祖先、神佛的桌子上念书、写字。有天大哥回家给了他300元台币，陈燕木用这笔“巨款”，买了一张非常简单的书桌。“我现在还记得，那书桌有四只脚，一个人的座位，用那个‘美耐板’，就这么宽，两个抽屉，就这么小小的位置。”陈燕木两手比画着。

看着小书桌上摆放得整整齐齐的语文书、历史书、数学书等课本，陈燕木有了自己的小天地，更喜欢念书了。

做二哥的陈燕木把三燕交给大哥，三弟、四弟都表示赞同，就说：“好，那二哥你懂英文，你就去搞蕾丝。”

“那你们两个搞什么？”陈燕木问道。

“我们自己想办法。我们两个师傅可以自己生根，你们不懂床垫。”

三弟陈燕标是从学徒开始学做床垫的，后来成了师傅，又带出了老四这个“徒弟”，所以，他们才有底气放弃固有的资产，去做新的产品。后来，三弟和四弟合作代理了一家香港的床垫，叫作“乐满门”。

陈家兄友弟恭，理性划分了产权，顺利分家之后，兄弟姐妹各自都有了新的发展。大哥燕飞成为床的世界董事长，其至今仍是台湾重要床垫通路；而二哥燕木是运时通家具集团的董事长，1996年带领集团进军大陆；三弟燕标退出了床垫业，进入房地产业；四弟大伟则打拼经营洋华居家美学；小弟勇镇在证券产业平步青云；妹妹月霞与妹夫刘清隆也在南山人寿小有成就。兄弟姐妹皆有所发展。

陈燕木兄弟虽然各自发展，但是分家时却达成一致默契，一定要彼此待之以礼。因为兄弟间岁数相差也不大，他们之间一般是直呼“老大”或是“老二”，比较少叫“哥”。陈燕木提议以后大家都以大哥、二哥、三哥、四哥、老弟（五个儿子）相称，加深彼此的尊重及情谊。这番情义，甚至影响小辈对大家族的尊敬和眷恋。

“三燕”的老二

陈氏兄弟分家后，陈燕木在五股工业区（即现在的新北产业园区）创办了自己的企业——运时通家具集团，开启第二次创业生涯。这次，得自己单打独斗。

陈燕木一再强调，父母亲给你生命、健康的身体，就够了。分家后的陈燕木，手里握着的是还没稳定的美国蕾丝床垫。

当时家具界只知道“三燕的老二”，而不是陈燕木。这就如一个失去名字的人也失去身份认同，旧有的网络派不上用场，新的网络还未拓建，“三燕的老二”已不是光环。

要想摆脱“三燕的老二”这个称呼，唯有让自己的产品有知名度、企业发展起来。

但摆在陈燕木面前的是赤裸裸的难题：没有通路，卖不出去。

在当时的台湾，蕾丝几乎没有知名度。之前国泰信托金源阁代理蕾丝，凭借的是雄厚的资本和畅达的通路，但也没有让蕾丝成为台湾知名品牌。而陈燕木能凭借什么呢？陈燕木找不到向经销商推销蕾丝的方法。他大学修的是企业管理，知道如何和媒体谈广告事宜，怎么开经销商会议，市场怎么去布建。他在三燕游刃有余。

现在分家了，蕾丝和三燕的消费群体是不同的。当时“三燕牌”的床大概是新台币4000—5000块一张，这个价位是中产家庭可以接受的，但蕾丝一张售价新台币10000块以上，是曲高和寡的典型。

好产品卖不出去，普通产品热销，商战诡谲风云，不可测处，却正是有趣处。蕾丝床垫拯救了陈燕木的下半生。

陈燕木刚经历了兄弟分离的空虚，又面对事业开展的茫无头绪，“当然会痛苦、孤独，甚至有时还会消沉，”二十多年后他回忆，不掩当时的情绪，“一切都得重新开始，从头开始拼搏。”

艰难，放弃吗？不，不能。陈燕木沉思了，思绪回溯至1983年，他引进蕾丝的过程。

不懂英文的“土包子”到美国

80年代的台湾，经济开始欣欣向荣，国外品牌如雨后春笋，纷纷冒出，提升了台湾消费水平。其中最著名的是引进麦当劳，台湾人看到了这个全球快餐连锁巨人，端出干净整洁的食物，在窗明几净的店里用餐。迫于竞争，台湾小吃店也纷纷开始整理环境，提供一次性碗筷（避免肝炎的传染），提升台湾的饮食质量。同样，国外进口床垫也开始改变台湾人的睡眠习惯。

当年32岁（1982年）的陈燕木，独自一人跨越太平洋来到美国，希望找美国床垫来代理。

陈燕木的英文名字Jack，是在大学时候取的。辅仁大学是一间天主教会学校，对外语尤其是英文非常重视。当时其他大学只是规定大一须有英文课，辅仁大学则规定从大一到大四都开设英文课，涵盖了会话、写作等内容，而且专门从神学

語錄

1. 天底下有两种“教”不可信：一是“比较”，一是“计较”。
2. 六大指针：独特的设计，卓越的价值，竞争的价格，专业的配销，标准的品质，实时的交货。
3. 四生产业：优异品质的生产，丰富幸福的生活，永续环境的生态，健康活力的生命。

院请来修女，希望把学生的英文水平提高。但是上课归上课，很少出国门，在真实情境中讲英文，陈燕木依然如“土包子”，带着蹩脚的英文，到了美国。

第一次到美国，陈燕木有点蒙。放眼都是讲英文的黄发白皮肤的人，听不懂他们在说什么，电话也不会打，路标也看不懂，他只能一直待在机场等在美国的亲戚来接。当时通信也没有现在这么便利，加之陈燕木没有给亲戚打电话，所以，直到两三个小时过去后，才等到亲戚来接他。

这个接待陈燕木的亲戚叫作林邦彦，简称“PY”，是陈燕木的妻子黄喜贞二姐的丈夫。林邦彦曾任职于中华航空，做票务经理，后来把全家带到美国，定居在洛杉矶三十多年，对美国挺熟悉的，亲戚朋友到美国都会说找“PY”。这次连襟找上门，林邦彦当然得尽量帮忙。陈燕木直接告诉姐夫：“我们需要做一个国际品牌，你帮我找找。”当时，林邦彦也不太清楚要找谁，就带着陈燕木到美国国际睡眠产品协会（International Sleep Products Association，简称 ISPA）的床垫展览会，向他介绍当时知名的床垫商家，并全程做翻译。

他们看到一些不错的品牌，就去和对方谈。陈燕木也渐渐能插进几句英文，慢慢地，陈燕木的英文也练起来了，他得出了经验：“跟老外慢慢磨的时候，胆子就大了，英文也溜了。”

当然，很多商家都没有给出比较明确的答复。当时欧美大厂根本看不起小小台湾，只有蕾丝床垫给出明确回应，陈氏家族拿到了蕾丝床垫在全亚洲的总代

陈家兄弟欢聚一堂，共同高歌一曲

理，而且一签就是20年。开启陈氏家族与世界床垫企业合作之途，至今已30年。

“是long time relationship。”陈燕木补充道。

到现在，陈燕木的英文算不上溜，但是他会用带着浓厚台湾腔的英语，大胆和人讲。听久了，对方自然就懂了。再加上后来全球化，企业不再只钟情美国，转向世界各地找买主和卖主，每个人都不讲正统英语，谁有胆说，谁就行。

看似土法炼钢，但是台湾中小企业的国际化就是这样练就的，当年很多中小企业家只有小学毕业（如王永庆）或高中毕业（如廖继诚），就是操着台湾腔的英语，提着007手提箱，闯荡美国、欧洲，还有那时代的新起之星——中东，靠着机运，走着险路，握有一些竞争优势，成就了日后的企业大集团。

台湾的经济奇迹就是靠着无数个陈燕木打造出来的。

美国蕾丝总裁访问亚洲，对工厂生产给予高度肯定及赞赏

遇贵人迎来“美得丽”

在陈燕木看来，人的一生需要有很多的贵人。在做美国蕾丝的时候，运时通慢慢有了名气，走上轨道。

谈起为何取名运时通，陈燕木清亮的声音响应着：要感谢香港的朋友“利比肩”，他曾在美国十几年，学过书法，又会算命，而且精通天文地理。当时陈燕木把蕾丝卖到香港，利比肩根据广东话音译为“运时通”，就是“运来时转万事通”的意思。

这时，陈燕木真的“运时通”了，他遇上了他奋斗人生中很重要的一个贵人——香港欧化家私（Ulferts）的总经理凌明锐（Nicholas）。“他真是我的贵人，值得我终生感恩。”

欧化是香港知名的家具公司，专门从瑞典公司进口家具和床垫。凌明锐能说一口流利的英文，国际贸易经验也相当丰富。

运时通和欧化有合作，欧化从运时通购买床垫到香港销售。凌明锐觉得运时通制造的床垫不错，随着两家企业的合作，凌明锐和陈燕木有了私交。在和陈燕木熟悉之后，凌明锐很慷慨地将欧洲床垫信息告诉陈燕木，陈燕木也乐意跟着凌明锐到欧洲各地到处跑。“也是欧洲土包子，跟着逛。”他调侃自己。

世界三大家具展会包括：意大利米兰家具展览会（Milan Fair）、德国科隆国际家居展览会（IMM）以及美国高点国际家具博览会（High Point Show）。意大利米兰家具展览会一向是全球家具流行趋势的指南，德国科隆国际家具展览会则是规模最大的全球性国际家具展览会，凌明锐就是带着陈燕木去看这些家具展览会的。

抵达欧洲，又是一次文化大震荡。当时欧元、欧洲联盟还是很遥远的名词，每到一个国家就得换钱，“你身上带的是各国钞票，欧洲大陆是几十个国家连在一起，高速公路都是相同的，坐的车子过一个关卡，要换钱，要检查。喝个水就要换钞票，法郎换里拉，里拉又要换马克，光换钱就搞死人了。”

德国美得丽亚盟合作

人也分不出谁是哪个国家的，比如意大利人、法国人、瑞典人，有大差别，人家很容易就能认得出来。但对当时的陈燕木来说，外国人都长得一样，但“搞错了对方会很不高兴”。

不但人不一样，欧洲很多人不讲英语，对自己的文化语言都有着骄傲，比如德国人不喜欢英国人，意大利人不喜欢法国人，法国人谁都不喜欢。

“欧洲文明能把古典传统和现代创新、个人自由和社会公德融会贯通，更羡慕街边咖啡座里微笑的目光，只一闪，便觉得日月悠长、山河无恙。这种文明从早年的扩张和后来的大战中汲取了不少东西又洗刷掉不少东西，显得悠闲和安详。它甚至觉得自己已进入文明发展的极致境界，没有必要再作艰苦奋斗。”作家余秋雨在《行者无疆》的序里，如此形容欧洲。

到了家具展会现场一看：只见数万甚至数十万平米的展会大厅，眼睛看到的是不认得的文字，耳边听到的也不是英文。偶尔有几句英文。很多品牌都没有在亚洲出现，不识品牌，不知产品的好坏，陈燕木觉得一头雾水，他自嘲：“台湾乡下来的穷小子，什么都不懂。”

德国Musterring美得丽研发中心

可是，“什么都不懂”的陈燕木，就跟着前辈凌明锐，一家品牌一家品牌地去了解。凌明锐不时给陈燕木做些讲解，帮他翻译翻译。

当介绍到美得丽的时候，凌明锐说：“这个德国品牌不错。他们有意把床垫生意做到亚洲，我们可以跟它合作。”于是，陈燕木为运时通拿下了第二个外国品牌。这是1988年的时候，到现

1988年德国美得丽Musterring亚洲代理权签约典礼

在，运时通和美得丽已经合作了25年。昔日贵人凌明锐已经是古稀之龄，而陈燕木也过了耳顺年纪。

美得丽是德国品牌，至今已有75年的历史。在东莞展馆里，陈列着美得丽三代掌门人的照片，谁说家族企业无法永续经营?

两条Penny狗狗的公关

最初代理美得丽的时候，陈燕木和德国美得丽的创办人兼老总Bruno Höner的关系仅限于工作上的合作。让陈燕木和Bruno Höner，甚至两人的家庭从工作的合作关系转变为朋友间的关系，竟然是两条博美狗。

1992年，Bruno Höner请到德国的陈燕木夫妇去他家吃饭。在德国，如果当地人家把客人带到家里招待的话，那说明这个客人是主人非常重视的。

Höner夫人亲自下厨，一个帮佣打下手。Höner家给陈燕木的印象是，很有家的感觉，还有一只叫作Penny的博美狗，那条狗灵巧活泼，围着陈燕木及黄喜贞打转。

床垫教父陈燕木 BEDDING FATHER

回到台湾，陈燕木和黄小姐也要养一条博美狗，当问到叫什么名字的时候，陈燕木说，就叫Penny，这样的话，就有一只德国Penny，一只台湾Penny了。

后来，美得丽总裁到台北，陈燕木也是在家设宴招待。Bruno Höner看到陈燕木家也有一只博美狗，甚至名字也是叫Penny，就奇怪地问："你们是不是故意叫Penny这个名字的？"

陈燕木解释道："我们没有要攀关系，只是觉得你家那条狗的名字不错，很可爱又好叫。我们的狗也这么可爱。而且你的狗养得好，我们想跟你学。"

Bruno Höner觉得陈燕木一家很重情感，值得深交。他常常开玩笑："我们跟你合作，不是钱的问题，是两条狗。"自此，两人以及两人各自代表的两家公司的关系越来越好。

后来，德国美得丽的Penny和台湾的Penny结义，它们的照片由主人频繁传送于德国和台北之间。多年来在运时通制作的美得丽型录上，还有两只狗狗的照片呢。

德国美得丽总部公司有车，他们的车牌必有"MM"字号。陈燕木在代理美

中德贤伉俪，共创光辉

运时通40周年庆典晚宴，同时也是德国美得丽Musterring授权合作25周年

得丽之后，专门买了一辆车牌带有“MM”字号的车，希望德国总部的人到了中国，也能有“宾至如归”的感觉。可见陈燕木的用心与细心。

陈燕木认为：商场也可以交到很好的朋友，并不全是尔虞我诈，贵在真心。

现在美得丽品牌由第三代Bruno Höner的儿子在经营。陈燕木代理美得丽的时候，Bruno Höner儿子才20岁左右，“他们的儿子就像是我的儿子。现在都四十几岁啊。要维持那么长的关系不容易”。

2013年1月，陈燕木带着二儿子陈冠翰（Ronald）去参加美得丽75周年庆，而美得丽的新掌舵人、Bruno Höner的三儿子亚历山大（Alexander Höner）又于两个月之后到中国东莞参加运时通的40周年庆，并赠送25周年的精诚合作之奖。儿子们将合作发展、延续、传承。

德国美得丽Musterring70周年，中德合作方举杯庆祝

燕木与德国美得丽Musterring第三代接班人合影

第八章

重返辅大，MBA修炼

在政大企家班修炼

当发现之前用在“三燕”床垫的那套不太适合用在蕾丝床垫后，陈燕木亟须补充新知识。世界变化迅速，台湾也震荡剧变，“自己没有路，就去找一条新的路”。于是，他来到政治大学的企业家经营管理研究班。

企业家经营管理研究班，简称企家班，创办于1980年，开创了台湾首个企业家高等教育制度，可说是台湾高阶管理教育的独特典范。至今企家班已经过了而立之年，优秀校友很多，如美吾华集团董事长李成家（企家班第一届）、“行政院副院长”林信义（企家班第七届）、台湾人寿保险股份有限公司董事长朱炳昱（企家班第八届）以及曾任台北101大楼董事长的陈敏薰（企家班第三十届）等。

当时企家班是半年一期，授课老师是刚从美国西北大学（Northwestern University）回来的司徒达贤先生，至今他仍担任着企家班的总导师。司徒达贤先生是美国西北大学研究企业管理博士、伊利诺伊大学（University of Illinois）企管硕士，是华人中第一位在美国专攻战略管理的学者。司徒老师以个案教学著称，所著《策略管理》（1995）、《为管理定位》（1998）、《非营利组织的经营管理》（1999）、《管理挑战新世纪》（2000）皆获得中小企业金书奖。

在企家班课堂上，大家分析个案，一起来讨论企业出现这样那样的事情应该如何解决，每个人发表意见，提出问题及解决方案，最后由老师总结。陈燕木觉得，这个老师很有料，讲的东西对自己很有启发。可是几节课后，陈燕木不满足了。他懂得了怎么解决类似个案，可是，里面的道理、理论框架是什么呢？为什么要这么做呢？知其然，不知其所以然。他又想，如果遇到案例以外的问题应该如何解决呢？他觉得在企家班学的东西不够扎实，他需要到一个能告诉自己理论源泉、知识框架的地方，去潜心学习，找寻答案。他决定破釜沉舟，去正规的研究所读MBA，重新当一名学生。

辅仁大学企管研究所读MBA

当时台湾正逢经济转型，台湾人读MBA是一种风潮。经过半年的精心准备，陈燕木成功考取了辅仁大学企业管理学研究所硕士班。那年，陈燕木42岁。

陈燕木考上了第九届辅仁大学企业管理学研究所硕士班。这届企管硕士班共有25名学生，其中按照常规考取硕士班的学生有20名，10名文科毕业的，10名理科毕业的；像陈燕木这样参加工作后再考研究所的有5名，陈燕木是其中的“老大”——年龄最大的，42岁，老二黄培彦38岁，老三廖国兴35岁。

辅仁大学研究生同学

陈燕木读研究所，不是想来玩玩，混个文凭就走人，而是想真正学点东西，在两年半里认认真真修完75个学分。

谁知道，开学第一天，陈燕木就出了件糗事。

开学当天，我穿着正装，让司机阿龙开奔驰汽车300SEL载我去上课。走进教室时，我赫然发现，整间教室里只有我跟别人不一样。大家都是穿着T恤跟布鞋，只有我一个人西装笔挺，还拎着一个公文包，其他同学还以为我就是上课的老师。

当老师进到教室，看到我这身打扮，马上就叫我站起来，向我问话说："你今天是来做什么的？"

我回答道："我是来上课的。"

老师又问："那你为什么这样子打扮？"

我说："我在正式场合都是这样穿的，在政大企业班上课时也是这样，以示尊重。"

老师又问："刚刚外面那辆奔驰是不是你开来的？"

我回答："那是我的车没错。"

听完我的回答，老师大声训斥我一番："我说你这样的穿着是什么态度啊？有没有搞清楚你是学生，是来学东西的。开奔驰是要来学校炫耀、来呛声的吗？要来学习，就要有学生该有的态度。"

"我被老师削了。"陈燕木述说着自己的沮丧，语气里却透着对那段往事的趣味。

二十多年后，在一旁的黄喜贞看了看陈燕木，淡淡地说："你当时是开奔驰到学校，到了课室，你的手机又响了，才会被老师骂，老师说你是不是来当董事长的。"

陈燕木似乎才记起这段，忙说："对，对，不过不是手机，叫作BB Call。"

做真正的MBA研究生

听完老师的训话后，陈燕木深刻体悟到学习态度的重要性：要学习，就要把旧思想丢掉，把西装脱掉，把包袱丢掉，才能装填新的知识。

当天课后，陈燕木跟来接他的司机阿龙说："阿龙，现在我必须要好好念书，所以不能再让你当我的司机载我上下课了。"

阿龙刚开始不答应："董事长，我跟你那么久，我们是兄弟，我为什么要走？"

陈燕木说："你在的话，就要开车，我就要坐你的车，这是不行的。现在我必须要好好念书，所以不能再让你当我的司机载我上下课了。"

然后陈燕木就给了阿龙一笔钱作为离职费，准备开始他的辅大企管研究所的求学生涯，当一名真正的、普通的研究生，专心修炼，成长自己。

但陈燕木毕竟离开校园这么久了，已经差不多忘记当学生的感觉了。他回忆道：

> 怎么真正当一名在校园的学生呢？当时我们班上有一位来自台大化学系的同学叫作蔡兆哲，他是云林人，在北部没有住所。
>
> 于是我跟他沟通说："兆哲，我跟你来做个交易，互相帮忙一下。你在台北没有地方住，可以搬到我家住，我家有空房间，可以包你吃住。但是要麻烦你上下学的时候，骑摩托车载我到学校。你有空闲的时候，教教我的两个儿子（冠宇、冠翰）功课。"
>
> 兆哲本来不好意思接受，后来在我的拼命游说下才答应。我当天就跟他去买了轻便的T恤、牛仔裤、布鞋，穿上雨衣，兆哲就骑摩托车载我上学了。

就这样，陈燕木放低身段，当起了一名真正的研究生。

脑力和体力的考验

在辅大管研所念书期间，陈燕木完全没有管理运时通公司，公司的生意、运营可以说是处于半停滞状态。尽管不知道公司未来怎么走，也没有什么生意，但陈燕木认定：先进行自我充实，才是最要紧的。所以，他将公司的大小事务全部委托给副总赖永祥处理。也由于赖永祥先生认真负责，承担起管理工厂运作的责任，陈燕木才得以全身心投入念书，在辅大修完75个学分。为此陈燕木十分感谢他，将他视为人生难得的好兄弟！

辅仁大学企管硕一，教学的内容都是基础专业理论。居住在陈燕木家的兆哲等于是他的家教，每天都会跟陈燕木一起复习白天老师的授课内容，让42岁的身体、脑力和体力受到二十来岁热血青年的冲击考验。由于大学毕业已经15年了，陈燕木在硕士班上的成绩仅排在中后段。

幸而到了硕二，教学的内容都是实务课程。办过企业、管理过团队的陈燕木，有着丰富的实际经营管理经验。如鱼得水的陈燕木摇身一变，从学生变成兆哲的家教，而且，他在班上的成绩排名也一跃到了中上游。

在管研所时期，陈燕木顺利通过了几乎所有科目，除了一门管理决策会计。当时"管理决策会计"（Financial Accounting Management）的老师是台大金融博士吴桂燕老师，她以治学严谨著称，每学年几乎都会有同学被她当掉（要求复读），同学封她为"玫瑰杀手"。

在硕二开学的第一堂课，吴老师就说："你们班上一共25个人，我现在就宣布，期末我要当掉3个人，小心不要成为最后三名，请大家认真准备。""玫瑰杀手"的放话让同学紧张了起来。整个学期大家都拼命学习，害怕成为倒数三名。陈燕木的成绩一直保持在倒数第五六名的位置。到了期末成绩公布，陈燕木这科只得了67分，排在班里倒数第5位。但当时研究所的及格分数是70分，吴老师毫不犹豫地当掉了5个不及格的学生，包括陈燕木。对此陈燕木相当不服气，认为老师

研究生指导教授吴秉恩教授

说话不算话，明明说了只当掉三名的，为什么要当掉五名呢？

于是，陈燕木私下向指导教授吴秉恩副校长（当时是院长）抱怨这件事。因为被当掉的话，意味着得重修这门学科，而重修的话，意味着可能会延迟毕业，台湾的研究生学业正常是两年可以毕业的。

吴副校长给陈燕木的回答是："这件事情我可以帮你找吴老师沟通，但她可能会拒绝我，也可能会听我的建议，帮忙放你们两个学生过关，但是你以后将会留下靠关系毕业的污点，请你三思。另外你也可以选择重修，这两条路都是你的选择，你考虑清楚再回答我。"

陈燕木回去想了两天，决定选择不靠院长的关系，因为要是吴副校长说情被拒绝的话，是一件多不光彩的事，而无论有没有过关，两人势必都要背负一个庞大的人情。于是，陈燕木和倒数第四名的同学商量好，一起去找"玫瑰杀手"吴桂燕老师理论。于是，有了以下的对话，这让陈燕木记忆犹新。

陈燕木二人向吴老师抱怨：老师您不是说要当三个学生吗？怎么连我们两个也一起当掉了？吴老师回答：现在是我是老师，还是你们是老师？我以为你们会认真学习，结果成绩表现还是不合乎我的品质标准，如果学习成果不够过关资格，就算是10名学生也照样当掉。陈燕木将自己的期末考卷拿给吴老师看，说：老师您看这一题，这题我答案写对了，只是过程没有完全正确，您却把10分都扣掉了，我认为这不公平，至少也要给个5分，这样我也就能够及格了。吴老师直接回复陈燕木，你来学校读书，就是要学习细部到位，所有的计算过程必须全部写出来，数字管理的精神，没有做好细部的掌控，你要怎么经营好一个企业？

陈燕木听了哑口无言，只好乖乖被当。也因此，陈燕木在企管硕士班修了两年半，最后的半年就只上了一门管理决策会计。当时他的硕士论文已经写完，但还得乖乖重修管理决策会计。不过也因为这门被当掉的学科，陈燕木在日后公司的经营管理中保持着对财务报表每个数字的敏锐度，以及对管理各种细部环节的严谨度。他说："我很感谢吴桂燕老师那时把我当掉，如果没有她当我，我可能到现在都对财务报表的数字迷迷糊糊。现在我在公司内，也对我的员工们要求做事情细部到位的精神，无论是高阶主管还是一名小小的职员，对此我始终都严格地坚持管理细部到位、追根究底、现场主义。"看着陈燕木历年来的30多本管理工作日志，便可了解其坚持自律的工作态度。

后来，辅仁大学聘请陈燕木回校担任兼职讲师，之后成了兼职教授。陈燕木认为，回馈母校，把人生的经验传承给青年朋友，是一种社会公益，是一种人生价值。

語錄

1. 处事态度：对上以敬，对下以慈、对人以和、对事以真。上下人事，敬慈和真。
2. 四到哲理：知道、悟道、做到、得到。
3. 管理智能：君逸臣劳则国兴，君劳臣逸则国亡。三流老板学管理知识，二流老板学管理系统，一流老板学管理智慧。

父亲逝世，学成归来

在陈燕木全身心念书、给自己充电的时候，父亲陈炎树不幸逝世，这犹如晴天霹雳。“我爸爸逝去的时间，是1995年4月22日上午10时6分，在客厅里我的怀抱中安然过世，享年70岁。”那一刻，至今仍然深深地刻在他脑海中。

失去父亲，不管年龄多大，社会地位高低，都有如心里一角已经空缺，再也无法弥补。

台湾领导人蒋经国在1976年父亲蒋介石过世时，在慈湖守灵一月，著有《守父灵一月记》。里面感人至深的一段是，在蒋介石过世后五天，慈湖的陵寝上飞来一只孤雁。此后一星期之久，那只孤雁常常来访，似乎安慰蒋经国，直到有天不见了，他形容自己犹如孤雁，心中怅然不已。

陈燕木的哀痛，也不下于任何人，身着孝服，看着火盆里燃着烧给父亲的纸钱，陈燕木陷入了对父亲的追忆。

父亲啊，父亲！留在最深处的，也许是在台风洪水后，或是自语，或是问儿子陈燕木“我不够努力吗？”的那个有些悲哀却不曾绝望的背影。

也许是顶着轰天的爆破声，冒着面临失聪的危险，想让妻儿过得好一些的挺拔的身姿，或许是在六旬年纪，帮儿子们给客户们送床垫时的快乐、和儿子一起研发床垫弹簧时的一丝不苟。

更是在儿子们分家时的通情达理，和孙辈们在一起时那层层的皱纹，哪怕已经听不到家人在说什么，也笑着给你肯定的眼神。

…………

这都是父亲啊！

重重地跪在父亲的灵前，陈燕木通红的眼睛里，有着对父亲最深的思念。

在为父亲陈炎树守灵的三个月中，陈燕木觉得是和父亲最心贴着心的时刻。

父亲陈炎树曾有一个愿望，就是要写一本《陈氏家谱》回馈家族，认为这样才有家族的观念。然而，直到他逝世，这个愿望一直没有实现。

16年后的2011年清明节，陈燕木五兄弟决定一起帮父亲陈炎树完成这个遗愿，将《陈氏家族族谱》编写好。经过多方走动、配合，还动员堂兄弟及其子女的力量，倾力搜集祖先的资料。这本图文并茂，印刷精美，上溯陈氏历代祖先，还附上英文的家谱——《陈氏家族族谱》终于在2012年的清明节前顺利完成，算是完成了父亲的遗愿。

大家虽然花了很多时间，但是都觉得非常值得。陈燕木说："上溯祖先，让我们觉得有根，有归属感，知道从何来，就知道往何处去。"

编这本家谱，也让陈氏家族成员感受到台湾精神。中国人重土安居，当初不畏艰险来台湾的人，就是寻求一个更美好的社会，这种心态深深影响着台湾人。

父亲逝世的时候，陈燕木还没有写完硕士论文。所以陈燕木一边给父亲守灵，一边赶写毕业论文。当时的习俗，亲人过世，三个月是摆在家里头，于是，陈燕木就在晚上为父亲守灵的时间，化悲痛为力量，以守灵之省思，以追思父亲养育之恩、在天之灵。

这篇得到辅仁大学副校长吴秉恩博士指导的论文，名字叫作《组织内部利润分享，外部资源分享与企业成长关系之研究——以人本网络观点分享》，获得管理硕士论文奖的十大优等论文；在人力资源及组织管理方面，获得优等论文奖，得到台湾管理科学学会“TOP10”的最高荣誉，也拿到三万元奖学金，后来陈燕木将奖学金捐赠给学弟学妹。

论文的得奖，不仅意味着陈燕木已将企管专业知识学通了，而且，这些知识日后还成为他的企业文化来源。比如说，分享利润的观念。这时候，陈燕木如一只睡饱吃好的雄狮，随时准备重新出发。

得到MBA TOP10优等论文的燕木

第九章

第三次创业，渡海来中国大陆

创业艰辛在东莞

成功者面目各有不同，但绝大部分敢于面对挑战，不愿为既有条件所困。

20世纪90年代，台湾传统产业面临重大危机，土地价格飙涨，新台币对美元从40比1升值成24比1，升值幅度40%，这意味着根本无法与人竞争，报价就贵了40%。这都不打紧，可以降低成本，但是最难的是经过台湾的经济狂飙后，几乎没有人再愿意进工厂生产线，进去后也难安其位，遇到满单，要加班。一位企业家回忆，哪怕是给他们下跪，他们也不愿意加班。

此时的大陆正在迅速崛起，尤其是在邓小平1992年南方视察谈话，确立市场经济后。他直白地说："革命是解放生产力，改革也是解放生产力，改革开放胆子要大一些，敢于试验，不能像小脚女人一样。"看准了就大胆地试，大胆地闯。深圳的重要经验就是敢闯，没有一点闯的精神，没有一点"冒险"的精神，没有一股气呀、劲呀，就走不出一条好路，走不出一条新路。

可口可乐前老板郭思达Robert曾说，1981年4月15日是"世界史上最重要的日子之一"。那是该公司在新中国首条瓶装生产线的投产日期。当时大陆对台商尤其欢迎，是台商的黄金时代。对大陆之外的企业的欢迎是中国系列变化的一部

台升郭天祥总裁（右二）、萧树山理事长（右一）、洪清吉理事长（左二），皆是燕木的导师

江丙坤董事长颁奖，肯定台湾家具协会理监事团队

分，正是这些变化促使中国转变为世界最大、发展最快的市场之一。

李登辉纵使宣布戒急用忍（企业不要一窝蜂去大陆）、南进政策（鼓励企业投资东南亚），但都不如西进对企业的吸引力。台湾企业加大、加广、加深投资大陆力道，统一开始在每个省都至少设个厂，甚至在新疆，因为新疆盛产西红柿。台塑、南亚因为是台湾政府关注的特有产业，投资动见观瞻，只有分散投资，化为100多家小公司投资。在大陆投资，已是挡不住的趋势。

企业无国界，尤其是台商到中国大陆，没有语言障碍，历史文化熟悉，自然是首选。于是他们在高山、在海滨、在闹市、在乡镇，快速搭起厂房，接电线，装生产线，一位在漳州的台商说："最必要的设备是'发电机'，你怎么也想不到最头疼的问题是电力，常常说停电就停电。"

在去之前，心中难免有犹豫。母亲年纪大了，虽然有兄弟在台湾，但父亲刚过世，有点不舍年迈的母亲。两个儿子才刚上高中，正是需要父亲教诲及父亲之爱的时候。夫人黄喜贞起初也有些犹豫，但是后来同意了。

"我很感谢太太，她让我飞。爱人不要把人掐死，应该各留空间，这也是我一向想要宣扬的哲学：'七分饱，八分醉，九分爱，就十分完美'，凡事不要都做满。"

陈燕木自己也克服了犹豫，最重要的是他必须破釜沉舟。台湾已经很难有再创新局的可能，因为如果他做大，就会妨害到哥哥弟弟的生意发展。他正值风华，为何不再闯番事业？毕竟他才45岁。

辽阔的国土，广袤的市场，但是是否有你的一席之地，是否有你的一杯羹，都是未知之数，不是匹夫之勇可以达到。刚从MBA毕业的他，知道必须精于筹划、管理、运筹帷幄，才有胜利的把握。

被问起当时是否会怕失败，沦为“台流”（因为做生意失败，又不愿意回台湾，只有在大陆流浪），“怎么可能？去做，就不会成为台流。”他斩钉截铁地说。

的确，到了大陆，他拼搏更甚往日，“第一就是选择与人合资还是独资，在大陆成功的台商都是独资，我也不例外。”与人合资，不管什么人，合伙人学会了，很快就把你吃掉了。陈燕木也不例外地有所担忧。

接着是选地点，最重要必须有产业聚落。别看一个小小床垫，却也要上百个

带领台湾家具公会投资大陆考察

零件，东莞和顺德都有家具产业聚落。东莞是陈燕木的选择，因为台商多、人面熟。

东莞在台湾形象不太好，似乎总被描绘成充满色情，台商动辄被杀害，街上有小偷、扒手，抢劫丛生。一方面的确如此，但东莞面积如北台湾，人口825万，面积2465平方公里，是台湾的十二分之一，人口是广东省仅次于深圳及广州的城市，难免良莠不齐，的确要注意安全。

但是东莞却有着不可匹敌的优势，东莞市位于珠三角地区，素有“世界工厂”之美称。高度城镇化，28个城镇，每个镇都像一座城市，镇中心高楼林立，城市中有城镇、城镇中又有城市是东莞特色，“不像农村，也不像城市”。产业集群化程度高，拥有大批国家级的产业基地，虎门是“中国女装名镇”，石碣是因电子业而出名，大朗遍布大大小小的纺织工厂，长安则被誉为“中国机械五金模具名镇”。各镇都有各自重点发展的产业，而东莞最方便的地方是离广州和深圳几乎等距，到广州约一个钟头，到深圳只要40分钟。

陈燕木将工厂选在大岭山镇——一个东莞市的几何中心，位于穗、莞、深、港经济走廊的中段，群山环绕，所以叫大岭山，是家具业的群聚地，是“亚太最大家具制造基地”，也是“中国家具出口第一镇”。

运时通家具控股集团300亩欧美花园式厂房

平地起高楼，当然困难，一砖一瓦建立成今天的局面，陈燕木认为，经营任何事业都不要急功近利，尤其中小企业融资不易，更要小心谨慎。例如现在在大岭山的运时通花园厂房，总计300亩，后半部先盖好，三年后才开始盖前面的总部营运厅、行政中心等等。

“要感谢当时财务部的陈副总，对于购买百花洞新厂的建议，奠定企业永续经营的基础。”陈燕木回忆道。

陈燕木本人更是极其节省：“刚开始，我连车都没有，参加同业聚会时，我坐摩托车去，花两元人民币，在聚会地附近就下车，别人问我怎么来的，我说司机送我到附近，走时同样是这样，我跟别人说，司机先去接人，他在街口等我，我的司机就是摩托车司机。”

每两个星期，他回台湾一次，看准星期五晚上7点从东莞开的大巴，到罗湖通关后，他舍不得花30块港币从新界坐到启德机场，算准时间搭49路公交车到启德机场（当时香港大屿山的赤猎角机场还在兴建中），可以赶上从香港飞往台湾的最晚航班，约深夜12点到台湾，回家已经快凌晨两点。第二天一早他又出现在台湾莘庄的公司里，精神抖擞地处理事情，叮嘱员工，规划制度。

显然，他不仅要省钱，也要省时间。对企业人来说，时间比金钱更宝贵。

“阿彬，你记不记得我们第一部丰田车开了多少公里才淘汰？”他问自己的司机。阿彬是陈燕木的司机，已在运时通工作了十几年。

阿彬回答：“80多万公里。”

“我用那部车跑遍了广东，跑经销商，看地点，看厂房，办手续，载原料，送成品。”

即使是现在，他与夫人黄喜贞及儿子还是住在工厂宿舍。两个房间，一间做客厅，一间做寝室。常驻大陆的小儿子冠翰住另外一间，大儿子冠宇担任国际事业部总经理，但到大陆出差仍然与员工一样住在宿舍里。

住得简单，吃得更简单，除了应酬外，他们都是在员工餐厅吃饭。阿姨做什么，他们就吃什么，顶多因为公事耽搁了，他们就加个炒蛋之类的。

刚开始，原料、客户缺乏，员工不能懂得台湾雇主的殷切之心。例如床垫的心脏是弹簧，运时通的床垫，特色就是他们独家研发出来的弹簧，而这种弹簧必须用高级钢线做成，但当时不论是贵州钢厂，还是鞍山钢厂都制造不出这种钢材，只有从台湾中钢进口，费用就多加30%。

当然陈燕木也可选择用次等钢，做出来的质量与大陆相似，“但是我们既已

語錄

1. 七八九原则：七分饱（身）、八分醉（心）、九分爱（灵）、十分完美（身心灵）。
2. 利润分享：对自己的绩效负责，因自己的贡献受益，从客户的订单获利。
3. 8C哲学：Change改变、Challenge挑战、Chance 机会、Communication 沟通、Cooperation合作、Customer顾客、China中国、Cash现金。

开始做欧美式的床垫，就不应该为了找不到原料而放弃”。同样，床垫的泡棉材料来源也有问题，通常做得太硬了，睡起来就不弹。

那时运时通处处困难，内销市场还没有布局，外销市场也只有为德国美得丽Musterring和美国蕾丝Restonic代工。陈燕木不愿意将运时通沦为代工厂，对这个正在学步的稚童，他有着无限的期待。但找来的员工，必须派上用场，才能对得起付出的薪水，因此很多老员工还记得他们常常在职训练。注重员工学习的陈燕木认为，不管学什么都会对员工有利，例如生产线配置、领导、管理，另外因为没有足够的工作做，员工只有拔草、整理环境，那时运时通的草坪真是漂亮。

一度，他有关厂，不如归去之感，毕竟回台湾还是会有发展的。他开过百老汇餐厅，做过零售。

一日，东莞下着蒙蒙细雨，陈燕木如往常绕着工厂慢跑，遇到当时的警卫队长，队长兴冲冲地喊着“董事长好，加油”。他看到厂里的工人，办公室里的文员、经理也在孜孜不倦，各守岗位。“不行，”他暗自决定，“有那么多人靠运时通的工作生活，还有他们的家属，我如何能一走了之？”

领袖一声赞

20世纪末，两个关键事件发生，使运时通暂时度过危机。一是获得2000年6月26日江泽民的接见。李登辉力行“戒急用忍”，但是阻不住台商的脚步。为了加快台商到大陆的脚步，江泽民特地在北京中南海瀛台接见台湾各产业公会的理事长，包括“全国工业总会”理事长高清愿、台湾石化公会理事长陈武雄、仁宝集团理事长许胜雄、台湾塑料公会理事长王文渊、台湾玻璃公会理事长林柏实。陈燕木当时任台湾区家具公会理事长，有幸也在其中。

1997年成立台湾区家具公会大陆联络处，全体理监事积极参与

进中南海大费周章。进中南海要进瀛台，进瀛台要过一座小桥，这座小桥差不多五米长，站在桥上，感觉很美……凉风来，杨柳飘，像唐诗的境界。每个人都要例行检查，要照相也不必带相机，有人帮我们拍照，然后把相片送给我们。

江总书记说，各位理事长一定要到大陆来投资，改革开放，大家一起来谈，把经济搞好。今天你们每一位理事长都要讲话，把你们的需求感想都要讲出来。

轮到我发言：“报告总书记，您要我把我们的产业带来大陆，那您希望我们在哪一个省市投资，哪一省的优惠条件比较好？”

江总书记回答：“你去哪里投资由你决定，哪里的书记、省长对你好，你就去哪里投资。”接着又说道：“希望你们来了以后，中国的家具产业可以成为世界第一，无论是产量或是出口，都要成为世界第一，也希望所有理事长可以为大陆与台湾带来合作关系。”最后，江总书记总结：“财源广进达三江，生意兴隆通四海”，台商都应有这样的胸襟包涵两岸。总书记把我们的心说动了，因为都是公会理事长，他把头先抓住，下面不就来了吗？

这段经历至今仍让陈燕木津津乐道。“2000年的时候，中国家具产业在世界的名次是第十几名。到2008年，我算是不辜负江总书记对我的期望：大陆与台湾家具产业合作成为世界第一，全世界家具产业产值2650亿美元，中国531亿美元，占五分之一，这是两岸四地的华人一起合作的成果。”

陈燕木得意地笑了，笑容透着十足的自信。

到东莞设厂的时候，陈燕木也把和江泽民的合照带到了东莞，东莞市外经贸局还特地将这张照片拿来招商引资。

另外一次荣耀，是得到中国家具协会理事长贾清文的大力推荐。当时，运时通为了进军内销市场，举办虎跃项目，召集很多有兴趣的经销商来厂参观。中国家具协会理事长贾清文也到现场。运时通的床垫值得信赖，消费者可以放心地睡在上面，经过贾清文理事长铿锵有力的一声赞，很多经销商涌来争相代理。

在那之后，运时通开始生意转好，经过很多人的推荐，他们的床垫不再曲高和寡。虽然一时生意不顺，但是他们掌握了人们向往健康及生活形态精益求精的需求。因为人三分之一的时间都在睡觉，花多点钱买个好床垫，对中产阶级的人来说，是很理性的决定。“不花点时间研究和响应生活形态变化的公司，通常会

中国家具协会贾清文理事长、喜临门床垫陈阿裕董事长考察台湾运时通生产技术

亚太家具协会特刊“Asia Mind, World Vision（亚太心，世界情）”

自食业绩赤字的后果。”作者塔克尔在《未来赢家：掌握2000年十大经营趋势》中如此谈道。

平心而论，运时通并不是追流行，但是它却掌握了趋势。塔克尔曾说，企业必须分清楚流行和趋势。流行有如把你推向浅滩的巨浪，但是趋势却是一波长期、平稳、足以载你驶向港口的浪潮。例如在2000年世纪之交时，大家喜欢跳有氧舞蹈，喝水果酒，吃燕麦片，这些都是流行，背后的趋势却是要求健康，讲究身材，减少酒精吸取，“趋势就是这样，如果你够机警、够开放、反应快，你就能够探测出趋势”。

自2003年起，陈燕木连任亚洲家具联合会（CAFA，原亚太家具协会CAPFA）第九、十届会长共四年（2003—2006）。亚洲家具联合会自1980年成立至今已超越35个年头，以稳健的速度累积起超越一千亿美元的运营规模，20万家的卓越企业，以及突破两千万就业人口。协会秉持着“整合亚太资源，共创全球价值”的宗旨，建立起多方共识，促成各国厂商合作，达成共赢的目的。为促进亚太地区产业整合，陈会长在任期间组织出版了英文版的亚太家具特刊“Asia Mind, World Vision（亚太心，世界情）”，增进产业间的交流，并让所有读者得以纵览亚太各国家具产业的发展情势，体会亚太地区产业的繁荣兴盛。

危机就是转机

生意渐上轨道，扩厂，找人，建新厂。但花无百日红，人无千日好，就在新厂即将完工之际，陈燕木在大陆的得力助手陈总经理，请辞要到外面自己开厂，并带走了运时通集团中层干部以及技术人员共计逾40人！“我请他们等盖新厂之后再走，他们都不愿意。”陈燕木回忆。

对陈燕木来说，这简直是晴天霹雳。陈燕木授权彻底，那位从台湾来的陈总就等于运时通在中国的最高指挥官，他也姓陈，很多人都当他是老板。陈总在“三燕牌”床垫厂还在发展、运时通没有创立的时候，就已经跟着陈燕木，甚至连找妻子都找的是工厂的员工。他从一个基层干部做起，一路升到经理、协理、副总、总经理。出于对陈总的信任以及对他能力的肯定，陈燕木将其派到东莞运时通作为最高领导者，自己则每个月到东莞运时通看下情况，每次大概会停留一个星期。

渐渐地，权力全权下放给下属的问题开始显现：大陆家具行业的大多数人以为运时通的老板是陈总，甚至员工也以为他是老板，在公司内外开会的时候，大家都尊称他为陈老板，陈总也没有否认。

“这样我够授权了吧？”一些了解实情的朋友，有点打抱不平地问陈燕木：“陈会长，你怎么这么搞？大家都有正官副官的，你怎么只有一个官而已？”

陈燕木当时还没有觉得这是一个

陈燕木会长胸怀亚太、放眼全球

燕木与中国家协副理事长兼秘书长张冰冰探讨行业发展趋势

中国家具协会副理事长陈宝光与燕木是好兄弟

大问题，甚至帮陈总解释说：“我们台湾人就死心塌地一个官。”

“这怎么行?！你被卖了你都不知道！”

陈燕木一笑置之。

但很快，陈燕木笑不出来了。

2002年，陈总请辞。陈总羽翼已丰，他手下有几个台湾人和香港人，都是业务和财务部门的骨干。

陈燕木非常震惊，因为陈总已经跟了他16年，他曾一度以为会和陈总继续打拼事业。他开口挽留陈总，甚至只要求陈总“先不要离开那么快”，毕竟当时陈燕木没有怎么插手东莞运时通的事务。

但是陈总拒绝了，很快离开了运时通，并迅速在东莞另一个地方建厂开工，同样是床垫厂。同时，他还在各个部门挖角，一些管理人员以及技术人员超过40人陆续离开运时通到他新设的工厂。

东莞运时通可以说是遇到了建厂以来最大的危机，这也是陈燕木创业以来的最大打击：“很多事情就变得很突然，就好像一个椅子，三只脚都断掉了，业务、工厂还有财务，最重要三环的人都被抽走，你要如何马上让人来衔接？这是很困难的事情。”面对这样的打击，陈燕木会怎样呢？小儿子陈冠翰仍记得很清楚：“那时候，每天看他眉头紧锁，是因为当时没有人帮他处理工厂的事情。”

刚上大学的陈冠翰，也不知道如何帮助父亲，不知道怎样开导父亲。陈燕木觉得自己立于孤岛，所有的事情都脱离了轨道。“在公司处理事情，回来也常常和我妈吵架，你看到他的脸，都是黑的，印堂发黑，看起来很累，没有活力，没有生气。我就不敢讲话啊，本来在客厅看电视，看到他回来，就赶快回房间。因为不想再打扰他，更怕说错话。”

“但是，最后，他熬过来了。”陈冠翰为父亲感到骄傲。

陈燕木最终下定决心将工作重心从台湾移到东莞。很快地，人生伴侣黄喜贞也跟着过来陪伴他。自此，陈燕木和黄喜贞长期定居东莞，以厂为家；大儿子、小儿子大学毕业或是参军后，也相继来东莞运时通“练兵”，慢慢地开始独当一面。

“人生是一场感恩的旅程，刚来大陆建厂的艰苦都是陈总辛勤的付出，打下运时通的生产基础，肯定他的贡献。”这是陈燕木多年后对于此事的感悟。

这件事情，也让陈燕木开始意识到了“正副官”的重要性。陈燕木觉得“正

中国家具出口第一镇——大岭山家具协会决策核心，六星领军

陈燕木理事长组织编写了《台湾家具通鉴》中英文版，成为两岸家具业的教科书

副官”的确是非常重要的决定：“我睡觉都不会有问题的，哪怕说明天朝阳变色了，也不会有问题的。”

但是更多时候，他在自省。有天他翻到自己的硕士论文《组织内部利润分享，外部资源分享与企业成长关系之研究——以人本网络观点分析》。

“危机就是转机，”他气得敲起自己的头来，“这篇硕士论文，人家说有博士论文的水平，但是我自己没有实践，头号干部才会出走。刚开始我也不懂，我给你好的待遇，授权给你，你为什么还要冒险去当老板。接着我懂了，就是因为马斯洛原理，当一切需求满足后，最后剩下的是要自我实现。对有些人来说，做老板就是自我实现，何况中国人讲究宁为鸡口、无为牛后，他们不喜欢被管，所以我要‘创造很多小老板’。”

从那以后，陈燕木致力于建立直营店制度。直营店与经销商同时并行，运时通资深员工经过严格考核后，可以派出去开店，而且给予优惠条件，公司出70%股份，干部出30%股份，但是年终利润，公司与个人各半分，等于公司牺牲20%的利润，采七三股五五分的机制，而且直营店总经理还可以支薪。“他们在外，就是诸侯，负责开疆辟土，也要守住既得领域，大事才向总公司报告，平常不必报告，可以满足他们做老板的成就感，做到利润分享：对自己的绩效负责，因自己的贡献受益，从客户的订单获利。”

目前运时通已有多家直营店，遍布大陆各大城市，像广州、北京、上海、武汉、深圳都设有直营店，再加上经销商，运时通在大陆逐渐稳固，陈燕木也等于扎下了根。“这个市场大，看似机会无穷，但你要长期，有深度，也有广度耕耘，浅浅地无济于事。”

1999年世纪之交，中国经济喜讯不绝于耳：加入WTO，外资急速涌入，2008年将举办奥运，2010年将举办世界博览会。于是房地产一飞冲天，商品房炙手可热。买了房子，就要买床，而一个四口之家就得买三张床垫（小孩各一张，爸妈一张），一张床垫只等于一平方米的房价。于是运时通营业额成长迅速，也造就了几位上亿家产的经销商。

生活从来不会刻意亏欠谁，它给了你一块阴影，必会在不远的地方洒下阳光。十几年耕耘，严于克己，也严于克人的陈燕木，心里终于有了些许安慰。

台湾家具公会42年来6任理事长：侯伯约、萧树山、陈燕木（前排右一）、陈丘、简国徽、陈昌秀

第十章

打品牌，创通路

品牌、品牌，是台湾人心中的痛。20世纪八九十年代台湾第一大计算机集团宏碁创办人施振荣呼吁企业一定要建立品牌，提出微笑曲线理论，切切盼望台湾企业能掌握微笑曲线的两端品牌、营销及研发。现在是纬创总经理的洪莉宁，还记得在80年代末，为了推广宏碁的品牌，在欧洲的大风雪中，用冻僵的手指一家一家敲客户的门，只为让世界知道宏碁的名字。“我们是为这四个字母ACER而活。”她举起四个指头说。

宏碁几度历经生死，品牌有时雪亮，有时蒙尘，目前面临重大亏损，施振荣接班人王振堂董事长辞职，施振荣再做冯妇，重整宏碁，企图挽救他30岁时缔造的公司，可见打品牌之困难。

三把刀

21世纪初，风水轮流转，倒是台湾传统行业，有些打出了自己的品牌，如机械业的台中精机，瓷砖业的冠军，自行车业的巨大、捷安特、美丽达，运动器材业的乔山都属佼佼者。

陈燕木的品牌策略，是充分利用欧美优势，再加上自身改良产品及营销策略，不断在亚洲及中国大陆擦亮美国蕾丝Restonic、 德国美得丽Musterring及美国席乐顿Stylution品牌。起步经年，已经开始显现成果。

在中国大陆有自己的品牌尤为重要。而陈燕木率领员工擦亮品牌，背后有辛酸，有欢乐，有泪水，有汗水。这必须从2008年开始说起。2008年除了金融海啸外，台商还面临几重危机，燕木提出三把刀哲学：

第一把刀是人民币升值，直到今天还在不断升。1995年美元兑人民币是1：8.3，但是今天，是1：6.1，升值约30%，等于当初台币对美元升值的幅度。20世纪90年代来大陆的外销厂商从2008年开始就备感压力，不但订单急促减少，报价还大幅提升。台商必须创新升级，做创新，做品牌。“等到美元兑人民币1：5时，靠OEM的台商全会死。”陈燕木预测国际商场的无情。

第二把刀是劳动力成本上升。一方面年轻人口大幅减少，人口红利不再；另外内地，如四川、湖南、湖北等地开始大举建设，吸引企业投资，外地人乐于返乡工作。各地提高最低工资，签订劳动合同，保护务工人员权益，致使生产成本大幅提升。

美国蕾丝Restonic床垫广受消费者喜爱，就连亚洲天王周杰伦与昆凌结婚，贺礼也是蕾丝床垫

第三把刀是原材料上涨。近来原材料的上涨，是由于通货膨胀所致，所以原材料上涨10%，又因为劳动力成本的提升，使制造成本上升。

针对瞬息万变的情势，你不变，就等于等死。正如当初90年代来大陆投资的台湾商人都认为，不出去是等死，到大陆，面对艰辛环境（当时大陆法律法规、融资条件还没有如此完备），等于去找死。大部分勇敢的台湾商人宁愿找死，也不愿等死，因为找死至少还有机会存活。

2526方式

趋势大师约翰·奈斯比特在1995年出版的《亚洲大趋势》里写道："中国成为超级新兴国家已经不是'会不会'，而是'什么时候'的问题。中国的经济复兴，伴随着政治力扩增和潜在的军事实力，是21世纪必须正视的现实。"

然而趋势大师却忽略了中国庞大的消费力。陈燕木举例，运时通的目标消费者是每月所得3000元人民币以上的人，在大陆就是6亿人口，美国是3亿人口，日本是1.2亿人口，中国台湾地区有2300万人口。这个人口数字就是等于2个美国的人口、5个日本的人口及26个台湾地区的人口。"因此，到大陆打市场，你就要有26加1（指台湾本岛）的雄心，就像东盟十加一。"陈燕木指着办公桌旁边的地图说着。地图上面密密地插着红针，表示运时通已有的基地（经销商及直营店），近至东莞，远至内蒙古、新疆，"但还有大半的市场我们没有攻下，6亿人口就应该有6亿张床垫市场。"

"大陆是一个乐园，早进大陆早成功，晚进入就麻烦，能够拿走多少就看你进入的时间。"

这个比台湾地区大25倍的市场却是需要踏踏实实耕耘的。

陈燕木开始了自我奋斗的超越时期。从网中挣脱出来的感觉，非常美妙；落困的狮子一旦自由，战斗力惊人。陈燕木通过调研以及分析的结果，将目光盯住了市场的管道以及如何让产品当地化。

虽然大陆大，但陈燕木坚持直接由工厂到经销商这个直线信道，不要总经销商、代理商、分经销商，这样一层层通路很不经济，每层都要赚些钱，等到最后，公司都赚不到钱。

刚开始，第一要务就是找经销商，但谈何容易？经销商不熟悉你的品牌，就不可能代理。中国大陆家具业零售点都集中在家居中心，如红星美凯龙、居然之家、月星家居、吉盛伟邦、欧亚达、富森美、金马凯旋、好百年、第六空间、简爱、喜盈门、博皇等，这些地方都富丽堂皇，由大建筑集团万达等兴建。好处是家具零售商不必费心找店址，大品牌一定要选在那里，才可能存活；对消费者来说，集群模式，一线品牌集中展示，顾客要何种风格、哪种价位、什么家具，走一遍商场就能采购齐全。

但短处是这些地方租金贵，还要高端的装潢，因此不熟悉的家具品牌，零售商不可能经销，又因为运时通在经销商开业时，会提供30%的装潢费用，因此运时通要求经销商必须独家经销该公司产品，甚至各个品牌间也不能交叉经销。例如销售德国美得丽Musterring的经销商，就不能销售美国蕾丝Restonic，更增加了找经销商的难度。各经销商都谨慎选择，一定要有把握的产品，他们才肯代经销。

从90年代末期开始，陈燕木到大陆的次数增加，时间拉长，坐着他那最后跑了百万公里的客货两用车，拜访客户，找经销商，与银行接洽，看家居中心，提供装潢意见，邀请潜在经销商商去看自家工厂，过程冗长而艰辛。

“你要有好的产品，工厂也要有实力，让他们看见，你是长期而且有心经营，你有实力，他才愿意与你做生意。”

要消费者及经销商熟悉品牌，最重要的是采取市场区隔。运时通因为有欧美品牌加持，因此定位在中产阶级及中上阶级。例如，陈燕木经常强调，他的目标

語錄

1. 2526大陆成功密码：大陆中高端目标市场6亿人口，是2个美国、5个日本、26个台湾地区的人口消费市场。
2. 商场经营六E：Easy in引导进入，Easy go动线规则，Easy see区域视觉，Easy buy购买欲望，Easy out进出方便，Easy shop 一次购买。
3. 六P创新：Product产品创新，Price价格创新，Promotion促销创新，Place通路创新，Public relation公关创新，People人才创新。

顾客是月收入3000元人民币以上，低于此的顾客群“我不必抢，让给别人做”。

因为产品有区隔，所以营销有焦点。例如2013年蕾丝营销主题就是“美国梦的实现”，针对向往欧美生活的中国人，把原本是生活必需品的床垫，包装成一个绮丽的梦想。“今日营销人不再将人视为单纯的消费者，而将之视为有思想、情感与精神的完整人类。”营销大师科特勒在《营销3.0》书中指出。

他发现床不只是睡觉而已，可以在床上做很多事，因此运时通推出了一系列广告，“可以在床上做的25件事”，包括看书、看电视、玩手机、吃零食等林林总总。

“床垫不再是床垫，是风格产品，我们在经营风格、经营品味、经营文化、经营健康……”

做广告的地点也有区隔。他的产品区隔化，所以做广告的地方大部分是机场，给经常坐飞机来往的客人看。例如深圳机场就有运时通的大幅广告，未来还会陆续在全国各大城市主要机场刊登广告。

运时通品牌很多，“我们是采取多品牌策略。”陈燕木一面说，一面摆出个丢回力球的模样，表示两只手可以同时玩四五个球。

多品牌策略是指企业根据各目标市场，分别使用不同品牌。多个品牌能根据不同顾客层，打入细化市场，强调各品牌的不同特点，可以灵活使用，吸引不同的消费者群体。这种策略适合处于成长期，尚未被几大品牌垄断的消费品行业，诸如服装、化妆品、餐饮或者家具等行业。

为使用多品牌策略，陈燕木很早就签下美国蕾丝Restonic以及德国美得丽Musterring。在亚洲，运时通已把蕾丝经营成公司里最强势的品牌，蕾丝沿袭美式古典风格，重视舒适感，床垫较软；美得丽Musterring却代表欧洲现代风格，质量严格，技术精湛，如德国的奔驰Benz、宝马BMW； 2009年他到美国买下威克莱床垫公司Wickline Bedding，旗下拥有艾绿sleep therapy、贝克思丽back therapy、思卡尔sleepcare三大品牌。除此而外，美国席乐顿Stylution同样高端，属于奢华系列，享有最高价位，大部分用于五星级甚至六星级宾馆，例如日月潭的涵碧楼客房里的床垫，就是用此品牌。美国席乐顿要做出最高端、综合的领导品牌，目前虽然只占营业额的20%且蕾丝和美得丽各占40%，但显然是未来之星。

Pg. 8 The Reporter, Escondido, Calif., Wednesday, Jan. 4, 1984

Business News

Staff Photo by George Cordry

Wickline Western Bedding factory in Escondido

美国Wickline Bedding悠久历史，1984年美国Business News报道

品牌本土化

运时通的另一特点，是产品“本土化（Localization）”。本土化是指外国籍企业进入一国市场后，根据当地市场消费者偏好，把产品加以改良、改造、改装，甚或发展全新产品，以适应当地市场，并发掘潜在的商业机会。例如帕萨特在德国不算高端车，进入大陆后，却摇身一变，成为大众车系经典产品。上海大众没有自满，凭借对中国市场消费者的敏感，对帕萨特进行本土化打造，加装外方内圆的车灯和U形前沿等一系列改良，注入活力及时代感，吸引年轻消费群。

中国第一洋快餐肯德基KFC, 在“全球化”连锁开店的政策下，丝毫不忘“本土化”的战略。中国人素有早餐喝粥的习惯。据此，肯德基特别为中国消费者量身定制了皮蛋瘦肉粥、香菇鸡肉粥等多款花式早餐粥。既考虑到消费者对早餐的营养要求，又专门研发了含有鸡蛋的芝士蛋堡、香脆营养的薯棒，并特别配有饮料如牛奶、果汁和港式奶茶等，组成一个中西合璧的早餐系列。虽然有人曾对洋快餐做粥提出质疑，但中国百盛餐饮集团副总裁兼首席企划官陆穗雯女士却说：“只要消费者喜欢，我们就坚持下去。因为消费者是企业生存的唯一条件。”“立足中国、融入生活”是肯德基行之有效的中国策略。现在他们又推出几款牛肉饭、鸡肉饭，真正把“本土化”发挥得淋漓尽致。

“全球化”和“本土化”是当今世界的发展潮流与必然趋势。上至国家治理、下到企业经营，唯有将这看似矛盾的“两化策略”融合统一才会促进国家和企业的向前发展。

看到适合的理论，陈燕木总要把这个发挥到自己企业里。“本土化（Localization）”L是内方，“全球化（Globalization）”G为外圆。内方指的是作业标准、产品尺寸规格、ISO认证标准；外圆，为沟通、协调、涉外关系等。

运时通初到大陆就雄心勃勃，要打品牌就要打全国品牌。大陆的床垫市场依据区域，有区域性品牌和全国性品牌。比如广东的“穗宝”、南京的“麒麟”、

德国美得丽Musterring名床、沙发，将欧洲精湛工艺引进中国市场，是中国第一家专业的睡眠中心

北京的“活力”、湖南的“晚安”、湖北的“龙翔”。这些品牌只占两三个省，或一个区域，没有普及全国。“我们老远从台湾来，不打全国市场，就没有意义，还不如就留在台湾。”陈燕木握紧拳头说。

于是他奔波于世界各地去研究当地人喜欢的品牌、口味，在原有国外品牌DNA的基础上融合台湾铁路技工弹簧制造的经验，三种元素取其精华、去其糟粕。国外的床偏软，中国的床偏硬，运时通要的就是软硬适中。坐下去不会陷进去，也不会硬邦邦，即“有弹性的床，会回弹的床”，适合华人、亚洲人的“QQ床”。“把德国的、美国的床直接搬到这里，你准死。必须加以调整，使之成为适合亚洲人身形与睡眠习惯的床。”陈燕木无疑坚信此理。

深耕一个市场，就要了解这个市场。床垫如何摆放，大陆市场大有学问。大陆卖高级床垫，要将床垫的外观露出来，因此床垫的面布要很讲究，质量也要和床单的布料相似，就是为了吸引顾客，表明这是个高级床垫。

虽然说大陆很大，市场潜力无穷，但如果把大陆视为一个市场来进攻，必定溃不成军。各地差异化大，运时通必须依据不同区域、省份，更改床垫设计、材

大塚家具的大塚胜久Katsuhisa Otsuka社长，是运时通在25年前日本的第一批客户

燕木与Tokyo Interior 社长利根川弘卫Mr. Tonegawa（右二）共同出席德国美得丽75周年晚宴

质、外观。例如东北人比较高大，气候寒冷，广东地区炎热，人较瘦小，就要有不同的设计；东北人喜欢喝烈酒，因为怕冷，床垫要做得让他睡得比较温暖，要含棉成分高，身材高大，弹簧就要粗一点；广东人怕热，要睡较凉稍薄的床垫。冷热和人的脾气也有关。温度高的地方，人脾气容易暴躁；温度低的地方，人的脾气比较温和。因此，我们的产品与天气冷热，性格好坏是相连的。

根据陈燕木的观察，大陆还有很多习俗，跟台湾的不同。比如在大陆请客，一定是十道菜一起上，这才叫圆满，叫丰盛，叫十全十美，你自己选哪道菜吃都可以，这才能显示主人的诚意。如果一开始，主人让你吃第一道菜，15分钟后，再上第二道菜，客人会认为主人有所保留，不够诚意，“我以前开过‘百老汇’餐厅，菜色讲究‘色、香、味’，色表示菜的颜色组合，香表示温度控制，味表示入口时间。菜出来8分钟后，一定要吃掉，12分钟后菜的甜度就没有了。”

同样地，倒酒一定要满杯，而且要快溢出来，才能表示主人的慷慨。干杯，也是显示大陆兄弟的豪爽。

“我们想一想，台湾早期也是一样，大家喝酒就要干杯，菜也是全部一起来，等到他们适应了台湾的生活习惯，自然也会改变，不要动辄表现台湾人的优越感。”陈燕木滔滔不绝。“你不来这里，就没有深切体会”，如鱼饮水，冷暖自知。

经过中国家具协会贾清文理事长的推荐后，很多经销商就开始对运时通有了兴趣。经多年的耕耘，经销商达1000多家。运时通要求经销商必须只能售卖运时通制造的成品，等于经销商一旦选择卖运时通的产品，就不能卖别家的。运时通为何要如此坚持？因为每家经销商专卖店开张或重新装潢，运时通都会分摊30%的装潢费用。运时通给予经销商很大承诺。

同样地，经销商要经过谨慎考虑，才决定代理运时通，他们必须看看运时通工厂的实力。在大陆一旦订货，就得付定金，付完定金后，生产、交货后马上要把款打到运时通来，不能赊欠（大陆的习惯是打款了才能出货）。经销商要能够保证工厂拿了定金不会落跑，也要工厂能长期供货，而且质量稳定，品牌也要越来越有名气，经销商才能赚到钱。

在经销商眼中，运时通是强势品牌，老板也舍得花钱打品牌，“我们经销商只能做些小促销，如到商场去发DM，送雨伞、钥匙链，但是大广告定要靠原厂打才行，我们做不起。”在广州开了十多家美得丽代理的经销商，现在身价上亿的吴卫洪说，“经常看广告，顾客脑中印象加深，进到店里，购买的意愿增加

德国美得丽Musterring总裁Mr. Bruno亲自考察运时通日本分公司

很多。”

运时通帮助经销商做一整套训练，例如导购训练，教店员从顾客进门后，如何吸引顾客选购床垫，也帮助他们了解产品特色，观察客人意愿；更要教经销商如何装潢店门，达到最好的展示效果。

每年，运时通都在东莞举办“顶尖店长销售特训营活动”。三天的研讨会中，他们教导最新的商店营运潮流，如何把商场引导顾客购买六E原则发挥得淋漓尽致，这六E是Easy in引导进入、Easy go动线规则、Easy see区域视觉、Easy buy 购买欲望、Easy out进出方便、Easy shop 一次购买。

最受经销商欢迎的课程，则是每两年举办的“总裁特训营”。有别于其他管理理论，这些心得都是陈燕木自己经营企业40年体会出来的。例如他宣扬经销商的分钱观，分了钱，就能收钱，就是给员工好的待遇、好的奖励，你自己就会财源滚滚，打造“财散人聚，财更聚”的分享哲学。

比起某些只会照本宣科的教授，陈燕木具有现场控场能力。演讲时，善于用周边人或是自己的例子来讲，而且每次开场，他就像主持人那样煽动气氛，让整

美国席乐顿Stylution名床风格时尚奢华，是纯正美式睡眠文化的代名词，更是全球五六星级酒店指定的信赖品牌

场预热。超过六小时的演讲，并没有使陈燕木露出疲态，他将整个现场的气氛把控得张弛有度，几乎没有冷场的时候。他会让经销商“现身说法”，讲自己如何取得好的业绩，现场调侃比较熟悉的经销商，把他们拉上台表演，拉近彼此的距离，也用自己打趣，活跃气氛。现场的人常常被他调动起来，鼓掌啊，笑啊，一点不似沉闷的年度总结大会。

有时候，陈燕木也告诉大家如何运用新科技节省时间，增进生产力。在2013年的“总裁训练营”举行时，微信才刚刚开始启用，他就开一堂智慧老板的经营术，把企业里如何运用“微信WeChat”“App（What's app）”“Line”“脸书Facebook”，改进管理教给大家。为鼓励大家的热情，他还带头喊着“即时现场，各店连锁管理；回报战绩，分享成果；下达命令，彻底执行。快了，才有饭吃；慢了，没有饭吃”以加深大家的印象。

有时候，陈燕木还顺应时势，别出心裁。例如2012年在东莞举行的全国经销商老板的训练营课堂上，因为正值中国领导人习近平将接班，陈燕木使出浑身解数，与儿子及员工扮成十八大重要领导人，正正经经地排演，穿上类似的西装。此举只希望提醒大家，这是个新时代，经销商应该把握机会，一跃而起。

第十一章

重质量，有品味

陈燕木对拆字很有研究，他最喜欢和员工讲质量的精义：“品”拆开来就是三个“口”，表示三个以上的多数人嘴巴都说好，才算好；“质”下面是“贝”字，表示钱，上面是“斤”字，“质”字代表顾客对金钱斤斤计较。“你看，我们怎能不重视质量呢？”

品质：绝不妥协

在这群杂的环境当中，质量或多或少会出现些问题。

2008年的时候，许多经销商向运时通业务员反映产品情况，然而，业务员并没有向上层反映。产品的质量问题也很长一段时间没有得到解决。

在当年的一次产品展览会上，经销商聚在一起，直接向工厂反映质量问题，也希望能得到工厂的重视。

陈燕木获知工厂产品有问题的时候，质量问题已经比较严重了。他不太相信工厂竟然做出了这么差劲的产品。

陈燕木立即对那批经销商说：“好，你们马上到仓库拉成品出来，每样产品抽出一件，我们一起彻底检查，看到底如何，当场给你们交代。”

经销商们直接跟着工厂员工去仓库，每样产品随机挑选一件。当场打开后，真的发现每一件都有问题，有的线没有车好，有的皮有窟窿，总之挑出来的都有不同程度的问题。

事实就摆在眼前。陈燕木非常生气，觉得自己在向经销商保证，员工却在给自己挖墙脚！

他立刻让全厂停工，将所有员工约1000多人集合在广场，广场前面摆着那些不合格的产品。陈燕木开始斥责员工做事不用心。越骂越气，陈燕木一怒之下，将本来给他准备的椅子高高举起来摔烂，用刀划破有质量问题的床架。他严厉地说：“这样的东西、这样的质量是不可以的。对质量不坚持，就是一种不负责任的态度，就会把好好的东西破坏掉。”

最后，他将这些质量有问题的产品，包括床垫、床组、家具、沙发等一起烧掉。

这件事之后，集团内部对产品生产流程做了改进，员工对产品的质量也有了重视。

但是，金无足赤，哪怕要求再严格的工厂，也会生产出有瑕疵的产品。

运时通集团的产品价位在

运时通在上海、东莞连获金牌荣耀。双金凯旋，硕果累累

中等或以上，每一件产品都不便宜。顾客付出高价格，工厂就必须拿出高质量的商品。陈燕木能理解经销商和顾客的心情。好不容易买到一件产品，经销商将产品送到顾客家，将它安装好，如果满意的话，才将尾款付清。结果发现产品有瑕疵，顾客当然不高兴了，向经销商提出退货。而经销商本来可以赚到这笔钱，但是现在只能把货拿回去，好比把抓在手上的钱给丢掉，久了，经销商也不愿意做了。

2012年下半年，大部分经销商在集团举办的经销商会议上，反映运时通产品存在质量问题，有些经销商就是因为质量问题将本应拿在手上的钱给“丢掉”，非常不满。

经销商问：“陈会长，您懂得这种心情吗？”

陈燕木还没答话，集团内部就有人说：“产品有瑕疵是在所难免的。”

经销商非常火大：“你们应该尽百分百的责任！”

那人继续说：“我们工厂一个月要做几万件，有几件有瑕疵，不也是正常现象嘛。”

运时通集团生产产品时，在可控制的时候，允差千分之零点五个瑕疵品。这意味着，一万件产品中，最多只能出现五个瑕疵品。这个概率其实算比较低的，但是对于经销商来说，这个概率不是平摊的。

于是，经销商态度也非常强硬：“你这是什么概念，你千分之零点五的瑕疵，是对工厂产品的总数来说，但是对我们经销商来说，我收到20件产品，就必须是百分之百的合格，你这千分之零点五的概率，一件都不可以落到我家，哪怕有小瑕疵也不可以！”

经销商差点和某些干部争执起来，双方僵持不下。

大部分员工觉得千分之零点五的允差是非常合理的，但是，陈燕木的态度是，这个允差只能出现在工厂，有瑕疵的产品应该在工厂里就检测出来，改善质量；当产品出去后，不能接受这样的允差，产品一定要百分百的合格！

100−1=0

“100减1就是0，就是本来质量100分，有些许瑕疵，减掉1分，不是99分，而是0分，前面做得再好，也是前功尽弃。”他斩钉截铁地说。

陈燕木扬声叫工厂的生产主管出来，问道：“我们生产的质量确实有问题，各位说应该怎么办？”大家也觉得这种场面很难堪，处理不好的话，都下不了台，于是都不吭声。

这时，让现场员工和经销商震惊的一幕出现了。穿得西装革履的陈燕木董事长，对着场下所有经销商下跪。63岁的他，头上斑斑白发明显可见。

男儿膝下有黄金，陈燕木清楚地记得，他上一次下跪，是在45岁的时候，老父亲逝世，作为儿子的他给父亲下跪，是理所当然。这18年来，他从没有再给任何人下跪。但是，18年后，在他已是63岁的时候，他下跪了，下跪的对象是经销商，有些经销商的年龄只有自己儿子般大小。

在场的生产干部见此，顾不得震惊，也赶紧跟着下跪。本来坐着的经销商，都急忙站起来，扶起陈燕木。争执不休的现场安静下来，经销商也没有话讲——老板都下跪了，承认错误了，我们还讲什么？

有经销商说：“董事长，您都六十几岁了，我才四十来岁，为什么要给我们跪啊？”

陈燕木说：“我45岁的时候下跪过，因为是我老爸过世的时候。到今天，63岁了，18年来，没有下跪过。”

“我爸爸过世时，我下跪，父亲是生我的家长，当人家儿子当然要下跪；今天，为什么给客户下跪？因为客户是我们的衣食父母，我们必须对客户做保证，做信赖的承诺。”

陈燕木还说：“你们花了钱，我产品质量不良，这是我该负的责任。”

也有关系比较好的经销商说：“老板你怎么跪呢？这不是你做的啊，这是你们厂做的啊，质量不好改良就好了，抓个干部骂一骂，杀一杀就好了。”

陈燕木对此很认真地说：“我工厂的人做的，也是我做的，我要负连带责任。我是老板，我是主管，他们做不好，就是我的事。我们质量不能做到百分百，就是我的责任。”

陈燕木给大家打了包票：“我们必须提供百分之百的产品给你们，千分之零点五的允差是在厂里，产品经过进料检验IQC、制造检验IPQC、成品检验FQC，入库完成，直到出货，整个流程必须达到100分。”

不管当时的心态如何，陈燕木带头的这一跪，跪出了经销商、客户对运时通的信心，经销商们觉得非常感动，也很踏实：“一家厂的老板，能够为一次的质量不良而下跪，有这样的胸襟，他更值得信赖，更值得一起拼搏。”经销商们纷纷表示，一定要与公司团结在一起。

“工厂质量不行，反映到业务、后勤去检讨。我认为这样是不行的。要‘质量下乡’，让工厂的干部直接下乡去看，因为你不知道人家的痛在哪里。”

“我选择大陆的11个城市，派生产干部两人一组，共22人，共10天，到各个城市看经销商、竞争对手，人家的质量怎样，如何去改进。我们到不同类型的城市采集样本，把问题解决，光讲是没用的。前阵子不是有‘家电下乡’吗？我们质量是很不错，但是还有改进的空间。”

三品观哲学：品质、品牌、品味

一个人的品味从外表衣着打扮便可以看出。而一家公司的品味，则从它的名字开始。

谈起为何取名运时通，陈燕木清亮的声音回响着，说要感谢香港的一位朋友，叫利比肩，曾住美国十几年，学过书法，又会算命，而且精通天文地理。当时他把蕾丝卖到香港，利比肩根据广东话音译为“运时通”，就是“运来时转万事通”的意思。

知识改变命运，品味改变人生。提高品味，待人接物的方式方法很重要。一次陈燕木带朱总经理去日本出差，和日本床垫业者一起吃饭，每人一份定食。日本人和陈燕木聊得起劲，一道道菜慢慢吃。而朱总则听不懂日文，插不上嘴，只能很快把所有菜都吃得干净不剩。回到酒店，陈燕木就教朱总国际礼仪，说吃饭必须和同桌客人同样步调，别人才吃前两道菜，你已经吃完了，这样很不礼貌。朱总听了很不服气：“我们每人都有一份，我把自己的一份吃完，又没有吃你们的，为什么不行？”“但这是礼貌，大家同桌吃饭，更要注意商业礼貌。别人还在吃，你吃得太快，好像饿了很久，让人看我们很没教养。”朱总这才明白。

另外一次，是他带公司外销部陈保州经理去日本出差。平常这位干部都穿牛仔裤、T恤上班，到了日本，第二天要去见日本一家家具大企业会长，陈燕木问这位干部有没有白衬衫，那位干部居然没有穿过白衬衫，陈燕木连夜带着他到百

語錄

1. 五大保证：品质——绝不妥协，价格——共创三赢，交期——迅速准时，服务——细部到位，创新——持续研发。
2. 执行力：说十遍百遍，不如亲自到现场做一遍。
3. 三品观哲学：品质、品牌、品味。

货公司，替他买了两件白衬衫。后来这位干部成为运时通驻日本东京办公室的经理，现在每次去拜访客户，一定记得穿白衬衫。

陈燕木认为，公司有两种薪水：一是实际收入，即每月拿多少钱；二为公司的学习机会及个人成长所得。“如果你每月的薪水是4000元人民币，但学习成长相当于2000元人民币，那么你的合计收入就有6000元人民币。”

从品牌Brand，到品质Quality，最后到品味Taste，陈燕木一步一个脚印将运时通集团成功打造为一个“三品”企业。

第十二章

成就亿万富豪

他们来自天南地北，各有不同背景，也各有不同性格，但他们都因为运时通，多多少少改变了自己的命运。

他们是运时通分布在大陆各地的经销商，负责为三个世界品牌打下大陆江山。他们是幸运的一群，40岁上下，正是精力最旺盛，智慧、经验迈向巅峰的时候。前面那代被“文化大革命”、知识青年上山下乡耽误了，没有足够的竞争本钱，而他们迈入职场时，正值中国经济大起飞，机会无穷的时代。

成就客户，成就他人，实现伟大梦想

語錄

1. 军团作战：天底下只有团队，没有天才。No Genius in the World, Only Team.
2. 贪贫定义：贪——今天拿钱，自己独吞；贫——现在分钱，分享团队。
3. 企业家族：传统家族企业渐行放远，以团队经营，直营联盟，国际全作体系，共创"企业家族"新理念，分享利润成果，共享产业资源。

每个人都可讲出一个与运时通结缘的故事。

在广州，代理美得丽床垫的吴卫洪，当运时通刚成立时，他在深圳做报关员，过着典型朝九晚五上班族的生活。他是陈燕木的好朋友，常常来运时通，时间久了，对运时通的品牌越来越有信心，便希望成为运时通的经销商。因为深圳已有人代理，他毅然到广州打天下，掌控良好时机，又带领团队，激励员工，业绩越做越好，现在拥有十家美得丽的专卖店，都在最顶尖时髦的家居商场中。十几年来，更买了六套房子，家产过亿。

位于兵马俑所在地——西安的经销商张萍，十几年来一家人都是运时通的代理，张萍的舅舅卢存志董事长原来在国营企业做事，后来出来创办恒泰家私。卢董事长与陈燕木有着真诚的友谊。舅甥女一起打点，销售板式家具、沙发。张萍有个机会认识了陈燕木的部属，几次来东莞参观，回去报告给舅舅卢存志，提到运时通对质量的坚持，以及国外品牌的加持，舅舅立马决定当美得丽的代理。生意渐渐兴隆后，结束其他家具品牌代理，张萍也辞去了稳当的公务员工作，与老公支铁伟一起打理。全家都靠代理这个品牌，创造大笔财富。

"我们机会很好，从90年代起，家具产业一飞冲天，到2008年金融危机开始，一路兴旺。"吴卫洪承认大趋势比人更重要。

床垫在中国大陆属奢侈品，比美国和台湾地区贵，但是大陆人计算床垫的价钱，是跟着房价走，例如广州的房价通常一平方米20000—30000元人民币，因此花上3万元买床，等于一平方米的房价，大家觉得很合理。一套房至少三张床，有的人有多套房，需求量就高涨。经销商也因此大发，钱滚钱，造就了许多小富豪。

而“人”的工作是看准机会，必须一跃而上（常常机会只敲一次门）。当时的大陆床垫市场才刚刚起步，对睡眠产品没有概念，更没有国外品牌的入驻，就连现在卖床垫最不可少的步骤“试躺”，都没有人知道。“你要有慧眼识英雄的本领，才能把握机会。”

但是机会来了，更要付出。这些人十几年来，筚路蓝缕，孜孜矻矻，一面扩展店里生意，一面要想办法如何扩充。例如，现在武汉的代理商李哲，从陕西到东莞运时通工作，升到业务经理后，想出去创业，选择人生地不熟的武汉开始做美得丽的代理，初时的艰辛，不在话下，只因为那里有机会。

在深圳负责打响美国席乐顿Stylution的李世华，当初出来创业时，因为运时通其他两个品牌在深圳都有人代理，没有了机会，他毅然选择了席乐顿。因为他知道自己势单力薄，必须有大公司品牌，运时通有长远做法，把席乐顿定位为集团里的奢华品牌，因此绝对会支持这个品牌。李世华信心满满地说：“你孤身出海，波涛凶狠，要投靠小渔船还是航空母舰，答案很明显。”

运时通全力给他支持，财力、物力，以前没有卖过床垫，只卖过音响、电器（都是低成本）的他，从头学习健康知识，人体脊柱、床垫构造，甚至钢材、弹簧。陈燕木还告诉他如何向顾客讲故事，化故事为卖点，陈燕木告诉他：“当我还是一名火车技工时，曾经研究过火车的弹簧，使用8年都没有下陷，觉得这个弹簧真是好。我要把这么好的弹簧技术用在床垫的弹簧上。这就是我们床垫技术的灵魂，也是卖点！”

就这样，李世华凭借他十几年的营销经验，研精探奥，逐渐打出了席乐顿的名号，这几年在深圳红星美凯龙家具商场，45家软床中，席乐顿成为销售冠军，在商场300多个品牌中被评为“五星商户”。“当初的别无选择，现在却变成最佳选择！”李世华一面高兴，一面感慨地说。

拼搏一生的陈燕木是他们最好的榜样，“六十几岁的人，还拼成这样，我们还有什么话说？”每个经销商都这样说。

已经十几年了，陈燕木说的话还清晰地印在他们心里。

“你们资深员工要到外面创业，公司一定支持你！”

“没有卖不出去的产品，只有不会卖的人。”

“欢迎回娘家，随便看，有什么需要跟我讲。”

陈燕木不单单说，更做得到，信守承诺。12年前李哲做到了业务经理，想要去武汉开店，店里最初摆放的货品，是工厂免费提供的。装修费用，公司也补贴支持，使李哲免了很多后顾之忧。很快，李哲在武汉开了第二家店、第三家店……现在已经有八家店了。公司还不时问他需要什么支持，2013年5月1日劳动节（大陆大假期，也是购物黄金期）派出美国公司总经理史考特（Ed.Scott）到武汉，去帮他们现场展示、如何选择好床垫。有真正的美国经理人在现场，顾客会更加信服。

在西安的张萍觉得陈燕木像她的舅舅，每次到东莞，真的觉得像回娘家一样。陈燕木深谙，与经销商打交道要博感情，常要采用软硬兼施的方法。“硬”为帮他们打广告，办经销商老板训练营及销售导购训练班；“软”则是设定各种奖励活动，经销商业绩优良者，奖励他们旅游，例如到德国、美国。

博感情，更要交心，讲究软中带硬、硬中带软的技巧。凡是经销商来东莞，陈燕木不管多忙，都会抽空与他们见面，拍拍肩膀，喝个酒，交换一些市场情报以及家具业最新趋势。陈燕木可以了解地方消费趋势，经销商可以了解国际潮流信息，可谓知己知彼、双赢永胜的好办法。

张萍还记得，2008年陈燕木带领优秀经销商去台湾，一路上衣食住行都给予无微不至的体贴与关心。带他们逛台北士林夜市，了解台湾文化，还教他们如何

美得丽亚洲经销商代表团，展开精彩的德国精艺寻根之旅

跟摊贩砍价。

她也记得，2013年去德国美得丽总部参加他们的75周年庆典。在飞机上，陈燕木不坐头等舱，跟经销商一起坐着普通的经济舱，十几个小时，不是在阅读书报，就是和他们探讨未来企业发展的新模式。“要记得，有饭大家一起吃，有钱大家一起赚，你才能做大。”他不时地说。

当时德国白雪皑皑，寒霜彻骨。李哲跟随运时通参加德国美得丽75周年庆典。陈燕木看到李哲薄薄的外套，便拉着他到德国百货商场买了一件皮衣。李哲感动地说：“我往后每年都会穿这件皮衣，想起他的温暖与贴心。”

第十三章

企业文化

成功源于专注

小城故事多，充满喜和乐。

若是你到小城来，收获特别多。

看似一幅画，听像一首歌。

唱一唱，说一说，

小城故事真不错。

请你的朋友一起来，

小城来做客。

邓丽君的歌声，温婉清丽，余音在上空飘着。

窗外望去，运时通300亩的厂房土地广袤平整，上面的蓝天宁静洁净，深呼吸带来舒适感；窗内则是一个差不多200平方米的办公室，里面摆放的沙发桌椅简单大气。

“杨老师来啦，我们开始访问吧。”运时通集团董事长陈燕木一边进入办公室，一边轻快地喊着，常常人未到，声先到。他身着花格子衬衣及牛仔裤，身高一米七六，走起路来总要比一般人快上几步。

陈燕木从来没喊过累，总是兴致勃勃，精力无穷。他会发脾气，也会大声疾呼，但是从来没有萎靡困顿过，“影响公司工作表现的最大因素是什么？”2013年开年第一本《哈佛企管评论》（Harvard Business Review）里面有篇文章《好情绪领导力》就问，“答案让你意外，领导人的心情。”

燕木属虎

畅销书《EQ》的作者高曼撰文，领导人的情绪风格（Emotional Style），会透过心情传染（Mood Contagion），影响成员间的心情和行为。忧郁、残暴的老板，会造成组织不健康，里面充斥着蓄满负面能量的庸才。生性乐天、擅长鼓舞人心的领导人，团队成员会充满正能量，愿意接受艰巨挑战。

陈燕木显然属于后者。在业界，大家称呼他为“家具床垫业的黄埔军校校长”。他培养了众多专业人才和家具业的经营者。他总是雄心勃勃。他生肖属虎，与郭台铭、马英九、陈水扁同年。他的办公室墙上挂了一只老虎图像的布织，那只老虎永远都是双目炯炯，似乎抖一抖，就精神百倍。正如那天的陈燕木，前一刻，还在抱怨从台湾回来，感冒，喉咙痛，感觉有点萎靡不振，但下一刻，讲起自己的奋斗史，就又生龙活虎起来。

但他精力专注而不分散，始终在家具床垫上，不左顾右盼，投身其他行业。这种专注，可说保守，也可说胆小、认命，但在充满机会的今天，要拒绝诱惑很难，总有人要你投资其他产业，跨入回报更高的行业。

在90年代，很多台湾企业一窝蜂钻入高科技、信息业，但是他守着他的低科技，仍然孜孜不倦地做着大大小小的床垫、桌子、椅子，看似琐碎，他却做得起

台湾运时通经营团队

劲，“我不懂的，也不会投资。”陈燕木直言不讳。

“说Yes比说No容易很多。”同样面临很多新投资诱惑的台积电董事长张忠谋曾说。

但是陈燕木始终守着他的床垫，守着他的连锁店，守着他的东莞工厂。《哈佛商业评论》说，企业不要急着抢进新兴的热门产业，而应该把焦点放在自己的核心强项上，在此领域成为不败的赢家。

哈佛企管作者伊万·赫什（Evan Hirsh）分析了美国65种产业6138家公司，发现从2001到2011年业绩排在所属产业前面的四分之一的公司报酬率，每个产业至少有一家股东报酬率达到17%，有的产业还有几家。这就表示，没有夕阳产业或朝阳产业，每个行业都有明星，这些企业的领导人根本不必去别的地方找生意。“另一边的草不一定比较绿，”他斩钉截铁说，“冒进不如精进。”

说是保守也好，说是有自知之明也好，陈燕木觉得自己适合带精兵。“带几千名海军陆战队，迅速攻城掠地，我在行；但是要指挥大军，十万，百万人，横扫欧亚，打世界大战，我不在行，郭台铭才行。”

运时通这种规模的企业，在日本、中国台湾地区，叫作“中坚企业”。中坚企业兴起于20世纪90年代，有台湾颇具盛名的捷安特自行车；做瓶盖出名的茂顺油封（用在汽车、机车里封住油管的盖子），很少人知道，也很难想象这种单价只有十元的油封可创造出每年近六亿元的营业额。茂顺油封是台湾最大的油封公司，在世界上也数一数二。

他们是颠覆者，也是创造者；他们是蚂蚁雄兵，也是领航企业。

过去，现在，未来

“小就是美，大就是美，都不对，赚钱的企业才是美，稳健的成长才是美。”陈燕木侃侃而谈，“过去，做大、做强；现在，做精、做专；未来，做稳、做赚。”

但纵使是“小店”经营，仍然不容易，常常比大企业更为筚路蓝缕，董事长身兼CEO、COO、财务教练，有时还要当球员。但是要有那股靠自己的志气，再困难，也勇往直前。

台湾东北部的宜兰县乡下，一个叫时潮村的小村落。时至今日，陈燕木还常常回想起海边小村落的稚嫩时光。但印象最深的，不是与儿时玩伴追逐嬉戏，而是父亲面对被海水淹没的农田时，那满脸的泪水。为什么我们一定要靠天呢？14岁的他在心中暗暗发誓：“不能靠天吃饭，一定要靠自己吃饭。”他握紧双拳。

如今这双手已生茧，但他仍未停手。他把志气、誓愿化为建立企业文化，琢磨领导风格，打造有竞争力的企业。

“小店”经营也着实不容易，董事长是CEO，也是COO，还要管财务调度，兼教练，更要当球员，最重要的是有冲劲。

走过35年，展翅高飞

老板永远站在第一线。老板躲在后面不去，叫员工冲，不可能成功。军舰在海上打仗，军舰沉没，舰长要么最后一个走，要么就与舰共存亡。企业的老板，要有雄心，“企业最后一个走的人是我，我要完成责任”。

“我45岁前，还掌握着公司50%的订单。”陈燕木说。45岁的他，时任总经理。那个年岁，早将简单的操管订单事宜下放。但是他很坚持，自己干，自己接订单，把人际打开，不能靠别人。

“订单一定要自己掌握”，不管在哪里，他都对经理人大声疾呼：掌握订单，才能掌握人际关系，熟稔商业流程，客户有什么需求，工厂要如何配合，“这是企业的灵魂”。

亲力亲为也让陈燕木养成追求完美的个性。有重要人物来访，他会亲自做简报，办公室里到处都是他的吆喝声：“加茶、倒咖啡、把那个资料拿来……”

看似吹毛求疵，但是自有他的道理，多年经验，尤其在营销广告上，他丝毫不放松。“这个不行，这个也不行。”拿着型录，陈燕木照旧对着制作精美的册子，拿着一支红色笔，几乎在每页上都打×××，不是文字有问题，就是照片有问题，要不然就是版面有问题。营销经理陈坤莆在一旁老老实实，一声不吭。他知道董事长的作风，连最细小的问题都不会放过。事实上，这个型录画册已拿给各个干部看了五六遍。

“如果一次通过，那才是有问题，我们还觉得不安。”陈坤莆笑笑说。

“是不是吹毛求疵？”广州直营店的朱总经理说，“跟了陈燕木这么多年，我也养成了仔细的习惯，跟他报告事情时，都要方方面面考虑到，因为他想的问题比我们多，你准备得不充分，通常会被问倒。”

陈燕木不满于现状，严于律己，也严于律人。“三人行必有我师，我要终身学习做LLL（即Long Life Learning，终身学习者），而不是LKK，就是你老了，没有新的东西，台湾话叫作‘老嗑嗑’。”他喜欢学习，时时接触新知识，而且是个LMM（Learning More and More），越学越多，越学越起劲。因此，他的点子也特别多，“一觉醒来，又有一个新的想法”。

语录

1. 经营心法：过去——做大、做强；现在——做精、做专；未来——做稳、做赚。
2. LKK是Low Knowledge Keeper，低能知识者；LLL是Long Life Learning，终身学习者；LMM是Learning More and More，执着学习者。
3. 三把刀：一刀——汇率升值；二刀——劳动力成本；三刀——原材料上涨。
4. 工作方法：发现问题，解决方案，团队合作。

发现问题，解决方案，团队合作

2008年全球金融海啸至今，大陆的外销产业进入了寒冬，面临“三把刀”困境。这“三把刀”分别是：人民币升值、成本大幅上升（薪资增加）、原材料上涨。这使得产品利润率严重下滑。眼看倒闭的倒闭，转厂的转厂——将工厂从大陆转到越南、印度尼西亚等国，陈燕木却觉得自己要找到出路，找到活路。

有天晚上，他出差到墨西哥，室外云雾氤氲，夜幕缥缈，在日航Nikko酒店的大厅里踱步，忽然他看见旅馆里有三尊雕塑品，刚好可以当作教材，解决悬在他公司上方的“三把刀”。

三尊雕塑品重达220公斤，从墨西哥运回东莞，所费不赀，但是陈燕木觉得值得，一方面摆在行政中心的门口做装饰，很有气派；另一方面将它套入管理思维，作为公司的企业文化。

“看”——发现问题（Problem Foreseeing）：第一个雕像是人头形状的雕像，一个眼睛稍微突出，另一个则是内凹，这意味着我们在看问题的时候，除了看到表层的问题之外，还要关心底部的问题，像是心灵、意识形态等。而这座雕像高达1.5米，这也表示当我们在看问题的时候，应该要从更高更宽广的角度出发，才能抓到问题的核心。

“想”——解决方案（Total Solution）：第二个雕像是一个站立且双手抱头的雕像，总高为50厘米，这象征着当我们在看问题的时候，除了从高处看，也要蹲下来了解问题的根本所在，提出各种可能性的解决方案，对于环境的不确定性因素，从里到外做出因应方案，并以所有的管理模式结合SWOT分析，提出最佳解决方案（Total Solution）。

“做”——团队合作（Team Work）：第三个雕像是一个由三人奏乐组合而成的雕像，其意义在于了解团队合作的重要，由企业提供一个平台，让不同专长的人分工合作进行发挥。也许你的团队并不完美，团队的成员素质也参差不齐，但只要有合作精神，就可以成功。

除了从三尊雕塑品来看公司的企业文化，“运时通”三字也完整体现了公司的企业精神。陈燕木认为：

“运”是一个军团一起作战，而我们是一个国际化的大军团。“军”字代表军事化管理，要奖惩分明，要解决问题，要讲究速度和效率。“运”字也代表好运当头，同人来到了最好的公司，公司找到最好的伙伴、最好的供货商、最好的客户。

“时”是时间点、机会点，表示与运时通合作为开展事业之机会，须把握时机，洞烛先机，开创事业版图，及时展现个人能力，发挥出工作绩效、贡献。

“通”是理顺作业，通顺达成，有问题时要及时沟通解决，达到通畅；更是将一个木桶整桶拿走的意思，也就是责任与任务要百分之百地达成。亦为通路掌控与市场布局，提升顾客对质量与交期之满意度。

运时通行政中心入口的三尊雕像，代表着企业文化：看（发现问题）、想（解决方案）、做（团队合作）

成功不必在我

陈燕木已经60多岁了，仍保持着运动的习惯，尤其热衷于篮球。16岁那年，他进入“铁路局”工作，成立了第21期的“铁鹰篮球队”。进入辅大企管系就读后，更成为辅大企管系篮球队的一员，又因为住在学校的宿舍，所以常常是打球打到天黑。进入企业后，他不但保持了运动的习惯，更从打篮球中体会企业经营的管理意涵。篮球是五个人的运动，两个前锋、两个后卫和一个中锋，它并不是一项个人运动，而是需要团队合作才能获胜，所以它不像游泳、举重、打高尔夫球一样，展示的是个人技术，追求的是个人的享受。

他大声带领部属喊着“成功不必在我”，助攻、挡人、一个妙传都有助于团队得分。陈燕木说：

在打篮球的过程中，你必须时时刻刻眼观四方，才能准确地抓准时机传球，达到助攻。这就像是企业经营一样，篮球场就好比企业疆域，我们必须把市场看透，了解市场的脉动方向，随着环境的变动，才能提出相应的策略。竞争者随时会提出不同的策略，而我们就像打篮球一样，要随时观察对手的动作，提出我们因应的策略。最后团队的得分，就像是企业的组织功能

运时通篮球队拼搏精神

60岁的燕木与70岁的林叔（广东宏远陈林董事长）篮球友谊赛

中，包含生产、营销、人力资源、研发、财务。当公司获利，也是各组织功能团队合作的成果。

喜欢打篮球，是因为喜欢团队合作，所以成功不必在我；训练员工就像训练篮球队一样，要鼓励员工勇于付出，各司其职，各尽所能，懂得分工合作的重要性，尽可能地发挥自己的专长，在各自领域努力拼搏，透过团队合作，共同完成公司的目标，创造出最大的价值。

陈燕木认为，每个成员都会有自己的个性，这是无法也无需改变的，而团队工作的艺术就在于如何发掘组织成员的优缺点，根据其个性和特长合理安排工作岗位，使其达到互补的效果。

这种理念，尤其适合这样规模的国际型企业。他主张在“云端”经营企业，在运时通，你可以遇到来自各国的人才。不分国籍、不分地域、不分民族地任用人才。人才需要国际化，应不分肤色、不分国籍、不分家庭和社会背景。

因此高薪聘请日本人经营日本市场、美国佬进攻美国市场、大陆人管理大陆工厂，强化生产能力，打造符合当地消费者需求的产品。

因此在运时通最流行的一句话是，“不分高干、台干、陆干、日干、美干、德干，大家一起干”。陈燕木还愿意起用新人，将其培养训练成为懂得公司文化

运时通国际团队

的人、讲公司语言的人、执行公司目标的人。用人的关键在于选择能够适应企业文化、创造企业价值的人。

在大陆打内销市场，既要有经销商，也要有直营店，双管齐下才能保证销路。

开直营店的想法，来自陈燕木最信任的高阶管理层请辞，而且带走了很多部属，他警觉到开直营店是留住资深员工的方法之一。

这也是双赢做法，让运时通的优秀员工实现创业的梦想与价值。“刚开始，我们完全信任，他们报多少营业额和利润，我们都相信，既然用他，就要给予完全的信任。他们就等于大将军，将在外，君命有所不受。”

激情、承诺、付出、共赢、感召的强大团队

但是后来，运时通总部发现，很多直营店都亏损，或者盈余很少。但明明中国家具业火热，怎么可能不赚钱？明察暗访后，才知道一些直营店暗里赚了很多，但报到总公司却不是这么回事。

过去20年来，“信任”被视为一种无往不利的润滑剂，让经济得以推动、人际关系得以维系，进而造福全人类。财经企管的畅销书宣扬信任的力量与价值，学者专家提出研究报告彰显信任的益处，虽然对整体社会有利，但在个人层面如果信错了人，后果严重。因此人们必须有优质且明确的信任，就是“锻炼过的信任（Tempered Trust）”，在适当时候要问几个问题，例如几个适当的问题适当反省。

对员工，陈燕木认为必须松紧适当，不能管得太紧，比如说有一条鱼，你抓得紧紧的，它就死翘翘，你把手放开，鱼放到水里头就活蹦乱跳。但完全放开，也不行。对待员工，他主张要像放风筝，拉上7米时就要放2米，第二次再拉上7米，再放2米，所以第一个阶段可以升高5米，第二个阶段又再升高5米。人在开始的时候，要拉；这个人可以的时候，就必须放，让他独立作业。独立作业就是讲结果，讲目标，中间过程干部自己做主。“人才一直出去，到处开花，你才有种子，才有部队。”他一面说，一面挥着手。

链接：人本教练模式

陈燕木对学习非常热衷，曾参加汇智教育举办的“教练型领导”课程培训。透过这个训练课程，他体会到九大领导力与因（Why）、道（How）、术（What）之间的关系，分别为激情、承诺、负责任、欣赏、付出、信任、共赢、感召和可能性。这九点领导力与领导技巧之间存在着紧密的联系，领导技巧中的挖掘愿景对应领导力的激情、设定目标对应承诺、制定策略对应负责任、资源整合对应欣赏、贯彻执行对应付出、有效授权对应信任、团队建设对应共赢、积极沟通对应感召、创新思维则对应可能性。

从这九大领导力中体会出激情、承诺、负责任是个人修炼的提升，欣赏、付出、信任是与他人共事的沟通能力，共赢、感召、可能性是赢得团队合作的关键。从个人修炼进展到与他人的沟通协调，到最后的团队合作，这样的一个过程，是一个非常大的学习成长。

Technology in Action（T-ACTION）是教练技术执行落地实践的体验过程。陈燕木深信要把过去“踢死它”“醒过来”。T-ACTION就是“踢醒”的意思。

踢：不要自以为是，放空自我，把不喜欢、不舒服、不愿意的“三不”踢死它。

醒：要付出主动，要九大领导力，要高要求、高挑战、高压力的“三高”醒过来。

TA86踢醒钻石团队，辉煌成就！

踢（死）		醒（生）	
1. 负能量	6. 吸血鬼	1. 正能量	6. 教练＆导师
2. 被动、魔鬼	7. 自私自利	2. 主动、天使	7. 成就他人
3. 索取、自我	8. 自以为是	3. 付出、超越	8. 大爱欣赏
4. 照镜子	9. 以理透事	4. 放大镜	9. 以事透理
5. 表表面面	10. 以理透人	5. 放下接纳	10. 以事透人

陈燕木从这里体会到，自己的学习应该更加谦虚，更能信任他人，更能聆听对方的声音，进而建构一个强而有力的团队。所以不停地在人本教练这块学习，更能够提升自我的能力，透过三阶段的逐步完成，以及公司员工的积极参与，改变企业，扎根企业，提升员工的潜意识，发挥正能量。

挖掘愿景	设定目标	制定策略
自我价值 激情 活出自我　自由选择	自律 承诺 聚焦　诚信	无分别心 负责任 主动　愿意
团队建设 气度 共赢 体谅　尊重	**积极沟通** 理想 感召 启发　印证	**资源整合** 爱 欣赏 接纳　珍惜
有效授权 创造 信任 放弃控制　无惧	**贯彻执行** 自私 付出 无我　喜悦	**创新思维** 空 可能性 探询　谦虚

人本教练模式——九大领导力模型

第十四章

热情融化难关

2011年，中国家居品牌联盟成立。该联盟结合了两岸四地的200多个优质家居品牌，拥有总市值超千亿的产业规模与品牌价值，以及遍布全球的市场网络，是中国家居业最卓越的精英集群和领军方阵。运时通当然也是其中一员。由于陈燕木的个人影响力和对联盟的积极奉献，他当选为中国家居品牌联盟监事会主席，并即将担任第三届联盟主席。

2013年，他当选全国台湾同胞投资企业联谊会（简称台企联）副会长兼新世代新青年功能委员会主任委员。台企联是一个跨行业、跨界别的全国性组织，下

中国品牌一条心，联盟兄弟齐打拼

燕木主委率领全国台企联青年团，与台企联会长门齐聚银川，传承梦想

辖141个台商协会、200万台商。在总会长郭山辉的领导下，监事长张文潭、驻会常务副会长兼秘书长何世忠、驻会副秘书长郑荣文、副秘书长陈锦龙、操帷、陈燕木及全国各地会长通力合作，共同为两岸和平发展贡献心力。

那一年，台湾海基会董事长江丙坤过80岁生日，全国台企联希望送给江丙坤一个特殊的礼物。因为他们感念，从2008年江丙坤穿梭两岸促成《海峡两岸经济合作框架协议》ECFA的签订，为台商争取多项优惠，使台商在大陆更具竞争力，在更稳定的政经环境里成长。

大家抓着头皮，想不出有什么特殊的礼物，江丙坤什么都不缺，到底要送什么呢?

陈燕木举起手，自告奋勇，可以做一段视频，用来庆贺江丙坤的诞辰。但只有一个星期了，时间来不来得及？陈燕木一口答应下来。

答应下来才想起，真的来得及吗？什么材料都没有，但他即刻行动，从江丙坤、高文诚秘书长等处拿来江丙坤的历年照片，与自己的部属林碧云、陈坤莆、谢嘉凤、段莉莉等人一起挑照片，要有顺序地讲故事，也要感动人，但更要真实。挑好照片后，要想标题，做图说，找音乐搭配，最后定名为“坤哥：你是我兄弟”，用来表达江丙坤董事长对待台商有如兄弟一般情义相挺，事后陈燕木回忆：“我们36个小时都没有合眼，眼睛都充满血丝。”

江丙坤八十大寿，燕木夫妻举杯祝贺

焚膏继晷的成果——《坤哥：你是我兄弟》在台商给江丙坤在台北圆山饭店暖寿时放映。当晚，台湾地区领导人马英九、副领导人吴敦义、国民党荣誉主席吴伯雄及全国300位台商会长共同参加寿宴。在座的人都感动异常，不敢相信在几天间就可做好，都佩服陈燕木的鬼才。江丙坤私下表示，那是他看过最能表现他个性及贡献的影片。

不管在天涯，在海角，他依旧热心公益。2008年后，他又与在新北市（当时为台北县）的企业家联合，希望将五股工业园区（运时通台湾总部所在地）改成更有力的名字。经过几年的努力，新北市市长朱立伦终于同意送交“经济部”核准，现在改为新北产业园区（New Taipei Industrial Park），地价因此提升，他殚精竭虑为众人，也为自己谋福利。

燕木的企业导师江丙坤

“这是我的学生罗国俊（现任台湾联合晚报社社长），这是我20年的老朋友，这是我的……”星期六的中午，在一家饭馆里，陈燕木一召集，就济济一桌，都是契阔已久的朋友。大家谈谈往事，谈谈未来，一眨眼就到了下午3点。

陈燕木不管生意做得成功与否，都不忘记老朋友。例如在运时通40周年庆时，他特地邀请当年一起在“铁路局”做技术员的同学和同事，这些人和他相交近半世纪，无话不谈，同学都说：“那时，他在班上就显示了领导力，他一号召，同学就响应。他和我们一样，其实就是穷小子，现在我们有问题，找到他，他总会想办法解决。”

对问题热情，对挑战热情，是陈燕木一贯的个性。在东莞的星空下，他有力地说：“人生就是不断地找问题，有问题就是要不断地解决。”在静谧的夜晚，那声音格外铿锵有力。

当有人问他：“当初来大陆发展，很多人都怕发展不成，又无颜见江东父老，就留在大陆，高不成，低不就，变成台流，你怕不怕？”

“有什么怕，去做就不会怕，做了再说，不做，你连输赢都不知道。”简单的答案，蕴含着行动力的智慧。

2002年后，这时陈燕木的小孩已上大学，他可以把大部分心思放在大陆。他知道赚容易钱的时代已经过去，最重要的改革是派资深员工到外面去开直营店，

国台办领导到全国台企联指导工作，与总会长郭山辉（右五）、监事长张文潭（右七）、秘书长何世忠（右八），勉励台企联会长团队，为促进两岸交流携手打拼，爱拼才会赢（右三为陈燕木）

这等于在外面放了很多诸侯，一方面可以帮他拓展事业版图，一方面可在外帮他收集信息、流行趋势。在广州红星美凯龙直营店的朱总经理就表示，当一切已上轨道时，店里就不必操太多心，而要多与外界联络，常常还要跟异业交换意见，“别人都在进步，你自己在原地踏步，就是退步”。

对直营店的经营，尤其要有热情，运时通每年两次召集直营店总经理回来密集训练。对他们，理智和感情的感召都要兼备，先要动之以情，老板和“诸侯”一起寒暄说笑，喝酒对饮。第二天会设计各种活动，加强大家的团队合作，例如登山或做游戏。直营店总经理也可互相交换情报及经验。第三天正式好戏上场，制定下一季度的目标，下季度营业额目标增加30%，如何做到，需要总公司提供什么资源，如何训练导购，店里装潢是否要更新等等。

直营店会议年复一年，每次都得想出新的激励办法、新的花招，吸引参与者，这也需要无比的热情。

2009年，全世界感受到金融海啸的汹涌波涛，但是很多企业人不甘被席卷，反而认为这是主动出击的机会，很多欧美企业遭遇危机，周转不灵，待价而沽，等待买走。陈燕木踏上美国，寻求目标。他不相信美国失败论，在大部分领域，

美国威克莱Wickline Bedding经营团队

1949年成立于加州圣地亚哥的美国威克莱原厂

美国仍然领导世界潮流，在这里不仅有市场，而且有最新市场信息，是R&D的重镇。

为了永续经营，运时通虽小，也必须国际化，就是在美国也要设立桥头堡。于是陈燕木在圣地亚哥附近，并购了于1949年成立的有着65年历史的美国威克莱床垫公司（Wickline Bedding Enterprise）。其不但有成熟的生产技术，而且有自己的品牌，营销管道遍布美国加州。

陈燕木派两个儿子去接手整顿，告诉他们要做什么，为他们设定目标，三个月后要照常生产，恢复营运。

但是半年过去了，进度严重落后，几乎没有进展。燕木气冲冲地飞到美国，了解情况。与两个儿子开会后，发现他们说出的理由都不充分，不成理由，这时陈燕木掏出一叠100元的美钞，“你们开始烧，把这些美钞都烧掉”。他递给儿子，还递上一个打火机。

大儿子冠宇接掌美国厂，为家人出国打拼

燕木的两个孙女名郁（左）、名晞（右）长得活泼可爱

两个儿子面面相觑，不知道老爸的命令有何意义。但老爸的命令不敢不从，于是开始一张张地烧，烧到第五张时，两兄弟烧不下去了，请求爸爸不要再烧了。

“你们烧啊！烧啊！”陈燕木严厉告诫，“我就是要你们看，你们在这里，就等于烧美金，一天公司不正常营业，就损失几千美元，就等于在烧钱。”

烧美钞事件让兄弟俩记忆深刻，耽搁时间就是在烧钱，于是赶快动起来，解决难题，一个月后，美国公司开始正常营运至今。

大儿子陈冠宇（Alex）2003年就进入公司，跟着爸爸学做家具生意，已婚，太太陈柏蓉（Vicky）台大博士毕业，有一个可爱的女儿名郁。冠宇目前在公司体系担任的职务是总经理，负责中国台湾地区、日本、新加坡、马来西亚、美国的业务。

次子陈冠翰（Ronald）从交通大学硕士毕业后，本想进电子公司做上班族，不想进自己公司，更不想来大陆，但是他看到父亲充满热情地经营公司，每个细节都不肯放松。他说：“常常看到他回家后，累得躺在沙发上，妈妈也每天辛苦地在公司忙上忙下，我们不去帮他们，难道看着他们累垮吗？”

陈冠翰至今仍然记得当那位陈叔叔（陈总）要自立门户，并且带走公司的重要干部时，他还是高中生，爸妈每天回来都皱着眉头，愁苦万分。

2007年陈冠翰来到东莞，从业务员开始做起，了解大陆的市场运作，参与公司决策，现在是大中华区总经理，与陈姿伶（Ivy）结婚，有了一个可爱的女儿名晞。回忆这八年，他觉得自己的成长比前二十几年多上几倍，大陆大而复杂，地理位置、地方风俗不同，人们的习惯差异颇大。接触的人多了，你可以看到最善良的人，也可以看到最丑恶的人，可以接触到最美好的事，也可以接触到最丑陋的事，陈冠翰回台湾时，也觉得比同辈多增长了见识。

天下没有完美的办法，但总有更好的办法。

“运用环境掌握时机，通顺达成。”陈燕木常以此勉励儿子。陈燕木不单赚钱而已，更重视同业及周遭环境的改善。他曾任亚太家具协会会长，对于行业活动十分热心，这大概与在台湾的发展经历有关。他十分清楚协会组织对于一个企业的促进作用。

现任中国家具协会副理事长陈宝光还记得十几年前的往事：“为打造东莞大岭山的地方名片，燕木做了很多工作，先是由亚太家具协会颁给这个地区‘亚太最大家具制造基地The Largest Furniture Manufacturing Base in Asia Pacific’的一块牌子，使得大岭山一下子在家具界声名鹊起，也引起中国家具行业协会的重视。后来，中国家具协会授予大岭山镇‘中国家具出口第一镇The No.1 Furniture Export Town in China’。如果不是他与一些行业同仁的力争，这‘第一镇’就不可能有今天的盛景。”虽然已过十年，他还清晰地记得当年开会时陈燕木激动争取的样子，如同昨日。“第一镇”这块牌子使东莞大岭山跃上世界家具版图。

但是有时候陈燕木太过热情，无条件信任员工，损伤了公司的财源。例如在

中国轻工业联合会会长陈士能、中国家具协会理事长贾清文颁发牌匾“中国家具出口第一镇”给大岭山

語錄

1. 人生不设限，成功不设防；自信、激情、承诺、负责任、拼搏、挑战、坚持、成功。
2. 人生哲理：富在知足、贵在知退、福在知谦。
3. 人无我有，人有我优，人优我多，人多我转。

大陆打内销市场，既要有经销商，也要有直营店，双管齐下才能保证销路。

开直营店的想法，来自陈燕木旧日最信任的高管求去，而且带走很多部属，他警觉到开直营店是留住资深员工的方法之一。

后来陈燕木发现自己的热情反而被某些部属滥用。刚开始很讶异，他坚持人性本善，不必用很多工具拴住他，但是为了公司着想，他必须建立制度，现在ERP导入后，总部即可收到直营店卖出货品的记录，清清楚楚，丝毫不差。

人性本善，信任是要对他人接纳、欣赏和感恩。大多数直营店老板还是秉持着诚信合作的原则。信任不等于放任，没有标准就没有管理，陈燕木“宁可天下人负我，不愿我负天下人”，因为他始终坚信：“海洋比陆地大，天空比海洋大，人的心胸比天空还要大。”

让燕木自豪的陈家冠军兄弟——冠宇、冠翰

结 语

蝶生一季，人活一世。陈燕木坚持，人只活三天——昨天、今天和明天。昨天，代表过去，应检讨反省；今天，就是现在，当把握当下；明天，则是未来，须有目标、有理想。

这个在台湾宜兰乡下的穷孩子，靠吃甘薯度日、球鞋要三个弟兄分着穿的孩子，从没想到他会成为跨国集团的董事长；那个16岁的，数着黑书白书，赶公交车、赶夜校、赶补校的铁路小子，也不会想到他纵横两岸家具床垫产业，现在有能力帮助其他年轻人实践他们的创业梦。

运时通刚刚度过40周岁，中外嘉宾云集。最难得的是才刚卸下海基会董事长重担的江丙坤博士从台湾专程赶来，见证运时通40周年庆典晚宴，并参观运时通总部及工厂。

40周年过后，陈燕木下定决心，要把运时通带上市，接着一连串的改革，例如流程重新设计，管理变革，工厂再造，经销商管理系统，直营店管理系统……

加强对证券市场的了解：在上市过程中，陈燕木及经营团队与证券公司、基金公司多接触，了解资本市场运作的诀窍，又因为台湾地区“证管会”各项规定，领导层深刻了解一个上市公司应有的责任，“上市公司用的是大众的钱，自然要谨慎为事”。

为公司注入新血：而这些心血非新鲜人，多在其他产业、其他公司打拼多年，累积经验，给运时通带来不同的震荡。例如现任财务长蔡永元会计师曾在安侯建业（毕马威）联合会计师事务所工作多年，负责整理运时通财务制度，使其符合上市规定。其说道，台湾对跨国公司上市审查非常严格，例如当地的会计准则必须符合国际会计准则。运时通经过台湾凯基证券和勤业（德勤）众信联合会计师事务所的IPO辅导，对上市充满信心。“另一位”资深干部李经理负责将运时通的联机导入企业资源电脑管理ERP系统，促进公司与外面机构的关系正常化，例如今后运时通和直营店将实时联机，每天总公司都会知道当天各直营店的营业额，代理商要求进货，总公司马上就知道，运时通更将每张床垫、每件家具都在内里打上货品条形码（Barcode），使每件产品都有了自己身世，从哪里来，到哪里去，如有不良品，就很容易追溯谁是负责人，更能够辨别真品及赝品，使得假货无所遁形。

公司有位副总经理，曾经在最热门的电子行业做过多年管理，很多人会问：“为什么又转回传统产业？”他想想说：“台湾传统产业经过这么多年磨砺、操

运时通控股集团与KGI凯基证券正式签订上市柜辅导合作协议

語錄

1. 九大领导力：激情、承诺、负责任、欣赏、付出、信任、共赢、感召、可能性。
2. 我的座右铭：“追求完美，忠勤任事”，追忠、求勤、完任、美事。
3. 先有所“为”，才有所“位”。

练，能留存至今的多是生命力强盛，能不断提升竞争力往前进。”在陈燕木极力延揽他入运时通时，他只来过一次就决定了，“第一看这个公司网站，做得是否完善，网站是一个公司的门面，如果连最基本的门面都不愿维持，其他就别谈了；第二亲自去一趟公司，你看看工厂管理是否有秩序，流程是否合理，地面是否干净。运时通都做到了，所以我就进来了。”

更重要的是在这个关键点，如何改变员工心态。如此巨变，员工是否会抗拒改革呢？凭良心说，大部分人都不喜欢变，所以领导层要掌握变革的步骤，这种变革对员工绝对有利，例如运时通的改革会增加很多程序、手续，增加员工的工作量。而且说老实话，由于运时通要在台湾上市，而大多数变革都由大陆员工担纲，但是因现阶段两岸政策问题，大陆员工无法享受股票分红，对他们士气不无打击，“这正是管理阶层的挑战，你要如何带领手下员工，认同你的目标，设定步骤，让他们跟随你。”陈燕木肯定地说。

说着说着，那个在宜兰下完课后，要喂鸭、放牛，还要在煤油灯下看书的孩子，又回来了；那个每天修理火车以后，忙着擦洗全身，然后拿着黑书、白书，赶公交车上补校的青年，又回来了；那个万丈雄心，要为中国家具业创出一片天地的中年企业家又回来了。

人生最大的骄傲，就是在成年时实现童年的梦想。

从日产一张床垫开始，到建立美国、日本、中国的跨国家具企业；他实现了童年的誓愿——不靠天，不靠人，只靠自己。

从瑟缩在台湾基隆港寒风中搬货的孩子，到今天西装革履，指挥跨国人马，训练CEO，造就亿万富豪；青春时他从来没有闲散过，此刻的滋味是甘实的。

纵使甘实，他身影总是匆匆，不管在大陆、在台湾地区、在美国，因为时间于他，是单行道，过去了，就回不来了。

而他心思与日精湛，人生不断拼搏，跌倒了，也要抓把沙子在手中，遇荆棘，砍出一条路，不管他处于哪个人生阶段。

他似乎证明了，人生中若不给自己设限，就没有限制你发挥的藩篱。

运时通是我家，我爱我家，我们是一家人

朋友们眼中的陈燕木

我友燕木

中国家具协会　副理事长　陈宝光

陈燕木跟我是老朋友了，与他交往近二十年的时间。多少年来每年都会相聚几回，虽然不在一地，友谊却与日俱增。

陈宝光

2000年初次到他的企业，在最显眼处挂一幅大大的照片，是他担任台湾家具公会理事长时与时任总书记江泽民在北京中南海的合影。这幅照片还是很有影响，说明了他在台商中的地位。那时他从台湾刚来不久，还显得很年轻，是一个朝气蓬勃的企业家。

燕木长我一些，又是陈氏一门，我们在一起大有兄弟一家的感觉。我曾经在中国台湾地区、日本、泰国及大陆多次参加他组织的一些行业活动，那时他是亚太家具协会的会长。燕木对于行业活动十分热心，这大概与台湾发展走过的历程有关系。他十分清楚协会组织对于一个企业能够起到的推助作用。当时的亚太家具协会说多一点不过是一个亚洲各国家具人的俱乐部，大家一年碰个几次面，交流沟通一下，陈燕木接任亚洲（原亚太）家具联合会后，运用其营销专业及组织专才，整合亚洲家具产业，召开世界家具会议促进美洲，欧洲及亚洲家具交流，也催生了世界家协会之诞生。即便这样对各自的发展也很有帮助。后来他做了亚太家协名誉会长，也从台湾家具公会理事长职位退了下来，换成陈丘接任他的台湾理事长工作，我们也一直往来。

由于这些因素，燕木对于我们的工作一向非常支持，也十分热心，这为我们的友谊奠定了基础。

为打造东莞大岭山的地方名片，燕木做了很多工作。先是由亚太家具协会颁给这个地区“亚太最大家具制造基地The Largest Furniture Manufacturing Base in Asia Pacific”的一块牌子，使得大岭山一下子在家具界蜚声鹊起，也引起我们的重视。后来，中国家具协会授予大岭山镇“中国家具出口第一镇The No.1 Furniture Export Town in China”，其中燕木起的作用非同小可。如果不是他与一些行业同仁的力争，“第一镇”的名字归属可能就不一样了。虽然近十年的时间过去，我还清晰地记得当年开会时他激动争取的样子，如同昨日。“第一镇”这块牌子为提高当地知名度没少发挥作用。

1996年到大陆，他的企业并不大，“运时通”是企业的名字，产品开始时以床垫为主。在大岭山我是看着他打拼发展起来的。他的思路比大陆企业家活络，视角比较宽阔，具有十分敏锐的国际眼光。运时通陆陆续续代理的美国蕾丝床垫Restonic、德国美得丽名床沙发Musterring以及美国席乐顿名床Stylution都是国内最早的国际著名品牌，他也是中国家具界最早引进国际品牌的人。而那个时期很多人或者还不知道“品牌”为何物。

由于这些因素，当然也由于他的拼搏奋斗，运时通发展得非常成功。很快买地建新厂房、国外建分公司，国内的经销商、代理商网络建设得也很好。在金融危机以前，是运时通的业务发展得最快的一段时间，这与中国家具发展的节奏基本同步。也可以说，运时通是近二三十年中国家具发展的又一个缩影。经过几十年不懈努力，运时通成为床垫和软体家具的领跑者，行业的排头兵。

十分有意思的一件事是，当我有了第三代的时候，燕木看着那个着急和羡慕。我女儿大他儿子一些，自然孩子也会早一些。他急着从我这儿把孩子照片要走，估计是启发儿子去了。直到一天兴奋地告诉我：有了！他的高兴心情溢于言表。当他有了第三代名郁、名晞时，在第一时间通知了我。后来看到燕木含饴弄孙的照片，知道他很幸福。

陈燕木，一生的好朋友。我会一直关注并祝福他和运时通。

我所认识的陈会长

全国台湾同胞投资企业联谊会
驻会常务副会长兼秘书长

何世忠

提起我跟燕木会长的缘分，还要追溯到2000年。当时我还在国台办担任经济局局长，适逢台湾工业总会及各产业公会理事长来到中国大陆，一共17位理事长在中南海瀛台拜会前国家主席江泽民。当时江总书记还特别鼓励台湾产业进入中国大陆投资，推动两岸优势互补，更亲口勉励台湾各产业领导："生意兴隆通四海，财源广进达三江。"期许所有产业都能在中国大陆发扬光大。当时，陈燕木会长是台湾家具公会的理事长，在往后的日子里，他带领台湾家具产业进入中国大陆，让中国成为世界家具产业的最大生产制造国。

直到2011年，由于我在台企联秘书处担任秘书长的关系，我和燕木会长又再度相遇。这时他在台企联担任新世代新青年功能委员会的主任委员，负责培育全国台商会长二代传承的重任。由于陈会长先前在台湾辅仁大学任教的关系，他对于教育年轻世代特别有经验，台青团秉持着"新时代考验新世代，新世代创造新时代"的精神，从2011年到2014年，已经成功举办四期台青团特训营活动，共计有超过200位会长的子女，将近300位学员加入台青团的大家庭。燕木主委对台商二代传承的付出与贡献值得大家肯定。

陈会长现在担任全国台企联副会长兼副秘书长，对工作非常投入，他做事总是细部到位、热情拼搏，协助我落实了相当多的任务。而他的做事态度也反映在他企业生产的产品上。先前我曾到他的企业运时通参观，发现运时通所生产的床垫质量相当好，做工非常精细，正如陈会长做人处事细部到位的态度，值得消费大众信赖。在此，我也代表全国台企联秘书处向陈会长发布自传表示庆贺，同时，也强烈推荐全国台商与台湾青年们可以参阅此书，作为企业经营、个人拼搏的借鉴。

国际睡眠产品协会肯定与喝彩

国际睡眠产品协会（ISPA） 会长

Ryan Trainer

首先，我谨代表国际睡眠产品协会（ISPA）恭喜陈燕木先生新书出版。国际睡眠产品协会是美国乃至全世界床垫产业的协会组织。我们很荣幸能够拥有运时通集团这样为我们协会增添光彩、代表“床垫产业之声”的会员。

陈燕木一生努力拼搏，成为国际床垫的领军者。自1973年在台湾成立了运时通集团，生产和销售床垫，至今已有42年的历史。运时通是美国蕾丝床垫全球第一家授权工厂，也是最成功的一家授权工厂。运时通所生产的床垫也出口到美国，同时引进了国外先进的床垫生产技术。陈燕木将运时通打造成全球最成功的床垫工厂之一。

2009年，陈燕木并购了位于美国加州的威克莱床垫厂。很巧的是，威克莱原总裁Ray Malkiewicz先生是国际睡眠产品协会的前任会长。而今，陈燕木的公司也是国际睡眠产品协会的会员。陈燕木一如既往地支持着我们协会。

陈燕木通过不懈的努力、坚持和创新，将西方床垫款式与科技引进中国，造福中国消费者。我希望未来的运时通更加辉煌，带给中国人更好的睡眠！

Dear Jack:

On behalf of the International Sleep Products Association (ISPA), I congratulate you on the publication of this book. As you know, ISPA is an organization that represents companies in the mattress industry from the United States and throughout the world. ISPA is honored to have members like Stylution who strengthen our ability to serve as the "Voice of the Mattress Industry."

You and your company have worked hard to become a leading international mattress manufacturer. For example, after you founded Stylution in Taiwan in 1973 to manufacture and sell mattresses, you took the initiative to incorporate Western brands and styles into your products. I understand that you were one of the first international licensees of Restonic Corporation, a well-respected U.S.-based brand, and that you have built that business into one of Restonic's most successful international licensee.

Likewise, as you expanded your business, Stylution formed relationships that opened mattress exporting opportunities in the United States and brought the company into the ISPA membership. In 2009, Stylution merged with U.S. mattress manufacturer Wickline Bedding, located in Escondido, CA. I am proud to note that the previous President of Wickline, Mr. Ray Malkiewicz, was a former ISPA Chairman. Like Wickline, your company is a long-time member and supporter of ISPA and our many programs.

Through your hard work, persistence and creativity, Stylution has made a great contribution to Chinese consumers by bringing advanced Western style sleep products and technology to China.

On behalf of ISPA, I congratulate you on the publication of your book. I wish you and your company continued success, and look forward to hearing more about how your products are helping provide better sleep to the Chinese people.

With my sincere best wishes,

Ryan Trainer

President, International Sleep Products Association

中美合作　跨国情深

美国威克莱床业公司　总裁 Edward J. Scott

Ed Scott

在过去的四十个年头里，我在美国的床垫业中摸爬滚打，先是担任丝莲的区域销售经理八年，接着是舒达全球行销副总七年。担任蕾丝总裁十年中，结识了陈燕木，他是全球床垫业的领航者，虽然每个人都很成功，但大家还是公认他为带头人。

1995年，当时我刚刚担任美国蕾丝的总裁，特别想见一见蕾丝全球第一家授权合作商。当第一次到达台湾，我便了解到运时通是怎样从台湾一个小制造商成为国际化、享誉全球的床垫王国的。

严格要求产品质量，以客为尊，满意服务，陈燕木不仅在中国被称为“床垫教父”，在亚洲和世界也是床垫产业的领航者。

我为认识燕木20年而感到骄傲和自豪。

Jack Chen

I have spent the last forty years in the mattress business in the USA and globally and have served in a variety of positions beginning in the retail business, then joining Sealy as a Regional Sales Manager for eight years then serving as VP of Global Sales for Serta for over seven years and after that as President of Restonic for more than ten years. In that time I have met and worked with leaders of the Bedding Industry from around the world. All of them have been successful in their own right but all of them recognize Jack Chen as one of the most brilliant industry leaders they have ever met.

I first met Jack Chen in 1995 soon after I became President of Restonic Mattress. I wanted to meet all of the most successful of our Restonic manufacturers around the world. Since Jack was the first Restonic International licensee the most successful international licensee for Restonic I wanted to meet him first. After first flying to Taiwan I quickly learned how had built Stylution from a small manufacturer based in Taiwan into a world class globally widely known and respected international bedding powerhouse.

It was clear it was based on several principles including

product quality,

customer service,

delivering value and

constantly seeking improvement

encouraging teamwork throughout his organization

By adhering to these principles and making sure every Stylution employee understood them and adhered to them he became a bedding industry leader recognized not just in Asia but around the world.

I am proud to have known jack for almost 20 years and to call him not just a business associate but a good friend.

Ed Scott

President, Wickline Bedding Enterprises

“星运亨通”挚友相伴

全国工商联家具装饰业商会　会长
月星集团　董事局主席

丁佐宏

月星家居招商，我结识了来自台湾的床垫帅哥陈燕木，后来一直在月星商场里提供优质国际品牌床垫。多年的相识相知，我们也成了挚友。又因与燕木兄生肖都属虎，我们一直以虎兄虎弟相称。我见证了燕木兄的企业发展壮大，运时通公司的各种大型活动，我都必须参加，2013年运时通举办40周年庆典尤其难忘。

燕木兄也非常支持和关注我们月星的发展，就连“月星”二字他也赋予了美好的解读：月亮星星代表安详、宁静的夜晚，带给人们温馨的归家之感。当然回到家里睡觉必须有个好床、好的床垫，燕木兄与月星的事业非常志同道合！

《床垫教父陈燕木》让我深入了解世界床垫的发展过程，也记载了他奋斗拼搏的传奇一生，是一本活学活用的企业经营管理教科书，更是青年创业者的励志书。身为台湾辅仁大学企管系教授的燕木兄，从不吝惜对他人的教导和付出，奉献自己，成就他人。我相信读者也可以从中领悟到他独创的“企业家族”之含义：传统家族企业渐行渐远，以团队经营，直营联盟，国际合作体系，共创“企业家族”新理念，分享利润成果，共享产业资源。这些都值得读者细心品味。我期盼“月星”和“运时通”永远“星运亨通”挚友相伴。

合作共赢展宏图

红星美凯龙集团　联合创办人　车建芳

车建芳

说起和燕木兄的缘分，记得早在2003年，红星在上海的第一家门店开幕，我邀请了当时担任亚太家具协会会长的燕木兄来参加我们的开幕仪式，所以说，我和燕木兄的个人情谊、红星与他的企业运时通之间的合作早早地就开始了。这么多年以来，我们一直协作共助，都在专心、专注地做好自己的事，做好自己的企业。现在红星在全国100个城市已经有了150家商场，而燕木兄的企业运时通是一家有着42年历史的国际化企业，从1973年在台湾成立台湾母厂，1996年在大陆设立中国总厂，2009年并购美国原厂，形成一个结构完美的“跨太平洋供应链”。

近年来，与我司更多联系和直接合作的是燕木兄的二儿子陈冠翰，他是运时通大中华区的总经理，年轻上进，从他身上我看到一个昔日拼搏的燕木兄，为运时通优秀的二代接班人而欣喜。今日，受邀为燕木兄的传记写祝语，希望读者能从他的故事里看到中国家居人的梦想，看到中国家居人的精神。祝燕木兄的事业蒸蒸日上！

传奇会长陈燕木

中国家具协会市场委员会　执行主席
居然之家集团　总裁

汪林朋

多年前，我认识了一位传奇人物，陈燕木会长，并成为很好的朋友，我们两人的团队也经常深入地交流。他为中国家居行业的发展做出了卓越的贡献，是居然之家流通产业的优秀合作伙伴，广东省大岭山镇“中国家具出口第一镇”的美誉离不开陈会长的拼搏，国际健康睡眠研发院ISRI正式揭牌启动，更是为国人的睡眠品质带来全面性的提升，这些都离不开陈会长为睡眠产业鞠躬尽瘁的奉献！

2011年7月，我们的团队受陈会长的热情邀请，并由集团任成副总裁带队来到了宝岛台湾。阿里山上，太平洋边，深深地体会陈会长为两岸企业的中坚团队的成长壮大，贡献着自己的智慧，就像书中写到成就亿万富翁的推手、书中句句精彩的智慧语录，他在现实生活中都在亲力亲为地推动着身边的每一个人进步成长，深感敬佩！

宝岛台湾，毛毛细雨中，居然之家与运时通团队正在进行着激烈火热的篮球赛。中国东莞，运时通的篮球场上，更是近距离看到60多岁的陈会长运球、传球、投篮……依然健步如飞、身手敏捷，看上去一点儿都不比年轻人差。我们在一起，以球会友、以床相连，陈会长热衷于篮球，每天坚持锻炼；陈会长更热衷于床垫，每天研究奉献健康。

千针万线出床垫，世世代代都享用；鞠躬尽瘁浑不怕，要留健康在人间。我为陈会长的无私奉献感动，我更为陈会长的努力拼搏敬佩！海到天边天作岸，山登绝顶我为峰，拼搏的道路永远没有终点。今天，陈会长已经站在另一个新的起点上激励着年轻一代，我深信，从书中领悟到智慧的您一定会脱颖而出，尽管一切任重道远！

人杰地灵大岭山
会长主席文光跃

东莞市大岭山家具协会　会长
香港富运家私集团　董事长　陳愛民

陈爱民

我与燕木兄是相识近三十年的老朋友。早期，他在台湾，我在香港。我们都姓陈，总有几分亲近。1996年，燕木兄到东莞投资建厂，我把我自己看好的一块地介绍给他，那便是运时通家具的老厂。

我喜欢称呼他的英文名字，还故意把Jack叫成Jacky。这都是因为影视巨星成龙代表了中国功夫，而燕木兄则代表了中国床垫。他们二人都是拼搏之人，都在各自的领域功成名就。

燕木兄的企业——运时通集团曾经代理过我们富运以及迪信的产品在台湾销售，为此我也到台湾拜访过他。让我特别羡慕的是他贤惠的妻子，我的大嫂，以及他的两个聪明懂事的儿子冠宇和冠翰。两兄弟如今都在他的企业接棒，可谓二代接班传承之典范。

我担任香港家私协会主席期间，燕木兄担任亚洲（原亚太）家具协会会长，现在我是中国出口第一镇——大岭山镇家具协会会长，而他又是中国家居品牌联盟的监事会主席。我们就是这样有着默契，两度为着家具公共事业而一起努力。

这本《床垫教父陈燕木》，刻画了台湾人、香港人在大陆市场打拼的艰辛，是我们台港两地人拼搏的写照。我谨代表香港家协以及两岸四地家具产业的朋友们恭喜燕木兄完成此书，期待大家拜读后共学习、共勉之！

两岸四地　共创辉煌

香港家俬协会　主席
富宝沙发集团　董事长　黄进宝

黄进宝

20多年前，我与燕木兄结识为好友。他常常介绍台湾客人到我的工厂买沙发。而我有朋友买床垫，也一定会带到他的工厂。我们之间的友谊就从互相帮忙、共同发展开始。

众所周知，我们所在的大岭山镇被誉为“亚太最大家具制造基地”和“中国家具出口第一镇”。殊不知，这里也是“会长”的聚集地。在我担任大岭山家具协会首届会长时，多亏了燕木兄的热心帮忙。他曾经担任亚洲（原亚太）家具协会会长，对于会务的展开以及会刊筹划有着丰富的经验。当我有幸连任香港家私协会主席，燕木兄的二儿子冠翰又担任香港家协的理事。对于燕木兄一如既往的支持，我感激万分！

《床垫教父陈燕木》一书中燕木兄的“百条语录”是对经营、管理和人生的概括总结。 给我印象最深的“七八九原则：七分饱（身)、八分醉（心)、九分爱(灵)，十分完美（身心灵）”告诉我们追求生活享受的同时，还要拿捏得恰到好处，才是完美的人生。希望两岸四地家具人都能细细研读此书，共同学习、共同进步、共创辉煌！

爱拼才会赢

中国家居品牌联盟　创会主席
敏华控股集团　主席

黄敏利

我与燕木兄似乎有着不解之缘。我是福建人，他是台湾人，我们同宗同缘；我制造沙发，他经营床垫，又同属软体家具；我们在美国家具展会也常常碰到，一起展览，以前甚至服务过同一家美国客户，在国际市场并肩作战，情同手足。

中国家居品牌联盟成立，我担任第一届的联盟主席，有幸与名誉主席燕木兄共事，并得到他的鼎力支持与协助。燕木兄曾经担任过台湾家具公会理事长、亚洲（现亚太）家具协会会长，有着丰富的协会组织管理经验，因此无论是联盟的章程还是管理办法，他都毫无保留地给我建议和帮助，他个人的无私奉献让我为之敬佩。

这本书，对燕木兄而言是一本奋斗史，对大家来说却是一本励志书。燕木兄代表着闽南人“爱拼才会赢”的精神，“三分天注定，七分靠打拼”，不畏艰难险阻，拼搏过海的奋斗精神，创业守业，投身公益，值得我们大家共同学习和借鉴成长。“不靠天吃饭，靠自己吃饭”，燕木兄向大家证明了成功没有偶然，生命不息，拼搏不止！

飞燕赢风雨 良木铸传奇

中国家居品牌联盟 主席
香港康升集团 董事长

刘永康

改革开放三十年，中国家具行业也飞速发展了三十年。这期间，无数家具企业兴起与没落，有的犹如昙花一现令人唏嘘，有的则基业长青辉煌永续。拥有四十年历史的运时通集团即是这些成功企业之一，其打造者正是拥有“床垫教父”之称的陈燕木先生。

燕木兄来自宝岛台湾，他严谨而又不失风趣，精干并且精力充沛，花甲之年，任何时候看起来都像是一个拥有旺盛精力的中年成功人士。虽然经过多年的风雨，却看不出岁月的痕迹，展现出来的，永远都是对工作事业的激情，和对生活、朋友的热情。

我与燕木兄是旧识，又同属家居圈，因此经常彼此交流谈心，或公或私，交情甚笃。说起来，燕木兄于我还有一段渊源。六十年前因为历史原因，我祖父带领我父亲的双胞胎弟弟去了台湾，而我父亲留守大陆，多年来杳无音讯。幸得燕木兄古道热肠，花费大量精力，几经波折为我在台湾寻亲，最终我父亲同胞兄弟六十年后得以聚首，此事足以令我一生感激。更有缘的是台湾亲人与燕木兄家不过数百里，冥冥之中更增添了一股亲切感。

2011年12月，中国家居品牌联盟成立，燕木兄为联盟筹备多方奔走，四处联络，使得来自两岸四地的优秀家居企业家汇聚一堂，凝聚出了一股新的力量；同时，作为发起人之一，燕木兄参与了联盟章程、规范以及运作方式的制定与实施；对于联盟的各项项目作业，燕木兄更是提出了大量意见和建议；联盟能有今天之成绩，燕木兄可谓是厥功至伟。

燕木兄对于工作的严谨规范以及认真负责，我更是深有体会。联盟第二届会刊编纂过程中，上千张照片，燕木兄亲自筛选过目；会刊的文字，燕木兄逐字逐句地审查，详细到每个标点、每个英文字母，常常通宵达旦，这正是他的拼搏精神。

如今，燕木兄一手创办的运时通控股集团，即将于台湾上市。这本书凝聚了“床垫教父”毕生的心血，值得中国企业家们学习、借鉴！

结缘蕾丝 健康相伴

中国家居品牌联盟　名誉主席
融峰家具集团　董事长

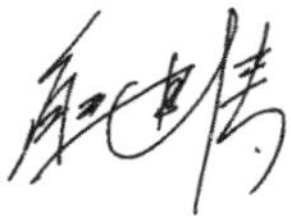

熊建涛

与燕木兄相识之前，我家里睡的就是他代理的品牌——美国蕾丝床垫。一睡多年，与我相伴的是舒适健康的睡眠。最近新家购置床垫，我毅然决然地还是选择蕾丝。因为我始终坚信，蕾丝床垫会给我更好的健康、更好的睡眠。

20多年前，我与燕木兄一见如故。他将世界知名的床垫品牌美国蕾丝床垫Restonic、德国美得丽名床Musterring带入中国，改变了中国的睡眠体系，为中国人带来健康睡眠，是名副其实的“睡眠大师”“床垫教父”，令人尊敬。

与燕木兄在中国家居品牌联盟共事，他从名誉主席到监事会主席，我深受其鼓舞与感召。他无私奉献，努力拼搏，工作严谨，对任何一个小细节都一丝不苟，是我人生的榜样。一次在“联盟国际”开盘现场，他的一个举动感动了我。虽然搀扶老人和孩子到前排就座是件小事，但是这个善举，我看得出“为富者亦仁”。细细品味他的书稿，感动之余，那些励志的故事将一直鞭策我，点亮未来前行的路。我希望更多的人，如我一样可以读到这样一本好书，也可以拥有健康的睡眠，拥有美丽的人生。

我心中的行业楷模

楷模家居用品制造集团　董事长　徐国芳

徐国芳

1999年的我，正在谋求人生更好的发展，一个偶然的机会，我很荣幸地认识了来自台湾的陈燕木。燕木兄带我步入了高端软体行业，我也成为了美国蕾丝西安经销商，跟随运时通赚得人生的第一桶金，并对中国高端家居行业的发展有了更深刻的认识和理解，为我日后创立楷模家具品牌打下坚实的基础。燕木兄正是我走向成功之路的引路人，更是我人生中的贵人，我一直心存感激。

身为台湾辅仁大学企管系教授的燕木兄，从不吝惜对他人的教导和付出。他是中国经销商导购训练营的发起人，更是中国高端床垫品牌发展的领航人。在中国大陆发展的近20年里，为中国家具行业培养了一批又一批的优秀人才，运时通家具集团也因此有了“床垫黄埔军校”的美誉，燕木兄个人更被行业同仁尊称为“床垫教父”。

燕木兄无论是在担任亚太家具协会会长，还是现任中国家具品牌联盟监事会主席期间，都积极奉献，跟行业同仁一起团结两岸四地百强家具品牌，促进中国家具产业共融共赢，为中国家具行业的发展做出了巨大的贡献！

这本书，记载了燕木兄奋斗拼搏的传奇一生，特别是“床垫教父百条语录”，条条经典，皆是他四十多年来商海拼搏总结经验所得，更是一个花甲老人的人生感悟，值得我们拜读、学习。语录中的“四到哲理”——知道、悟道、做到、得到，让我再次对他的精神敬佩不已。

让人敬佩的拼搏及奉献精神

慕思寝具集团　董事长　王炳坤

王炳坤

陈燕木主席是中国家具产业发展史的一位奇迹人物！一位正气、大气、和气，组织力、号召力超强的老行尊！当我第一次与他见面，很快就被他的视野高度和情怀广度彻底地征服！他执着的拼搏和奉献精神让我油然而生敬佩！

穷人家出身的陈燕木，在高中毕业后就去铁路做技工，但他不甘于当时的现状！他一边辛苦地工作，一边坚持念夜校，靠着惊人的毅力，成为了当时所念夜校的第一位大学生，并最终获得台湾辅仁大学工商管理系教授的荣誉。1973年，还在读书的他，就非常有魄力地接管了当时位于台湾台北县的一个小工厂，后来进军日本、美国、欧洲、中国大陆……并最终建立了他的床垫王国！他成了“读书改变命运”的楷模！

提到中国家具，提到中国高端床垫，不得不提陈燕木这个名字。他从台湾来，1996年率先在大陆市场引进国际品牌，填补了大陆家具市场高端软体的空白，让大陆人拥有与欧美人一样的健康睡眠，并用他独到的经营理念改变了大陆睡眠新秩序，推动了高端软体行业的发展，被台湾地区领导人马英九先生誉为名副其实的“床垫教父”。在他的引领下，国内涌现了一大批优秀的高端床垫品牌，为今天创造中国家具高端软体百花齐放的繁荣景象付出了毕生心血!

2003年他担任亚太家具协会会长，积极努力为会员们争取最大的权利与利益，把团队协作发挥到了极致，赢得了包括日本、韩国、新加坡、马来西亚等地区会长的尊重。他让更多的外国人认识并了解了中国家具，从而扬名海外，闯出了一条“中国家具之路”。2014年，燕木主席荣任中国家居品牌联盟监事会主席。一个花甲之人，依然在无私地为联盟、为行业奉献着，这种精神怎不让人为之震撼！我在此疾呼：向陈燕木主席的拼搏和奉献精神学习！携手打造中国家居新传奇！

论成功之必然性

深圳市室内建筑设计行业协会　执行会长
深圳市名汉唐设计公司　董事总经理

卢　涛

我与燕木兄相识近20载，一路走来，我看着他逐步壮大运时通这个家具王国，产品经销海内外；而另一方面，燕木兄在业内的评价甚高，从亚太家具协会会长，到内地多个行业协会组织的主负责人，燕木兄在两岸乃至亚太地区，一直都拥有极高的影响力。

我一直相信成功非偶然——成功人士，必然拥有诸多优秀品质。燕木兄他恰是如此。初次接触，我就见到他以铿锵有力、犀利又不失幽默风趣的发言吸引了全场注意。那是2000年，当时国内的国际化公司还不多，而他的出现，为大家带来了一股国际化潮流——英文流利，能言善辩，同时公司业务走向全球，拥有一批来自德美等地的雇员，让我等大开眼界。多年相识下来，我也见到他确实与众不同，无论在任何场合，都是游刃有余，出类拔萃。

而他的正直、认真、努力，大家也有目共睹。燕木兄在业内久有“床垫教父”之称，他对于床垫生产、使用的相关知识的了解，可谓“细致入微”：

当年燕木兄带领我与内地家具业内同行一起参观他的生产车间时，小至床垫生产中如何锁边如何选择弹簧等工艺细节，大至床垫的整个生产流程，他都现场一一讲解，不仅证明“床垫教父”之名他当之无愧，而且也意味着他对两岸家具业的交流及内地家具业的国际化发展，尽心尽力。

他还谦和、尽责。在我司受邀参与大岭山家具协会会刊设计时，燕木兄时任协会名誉会长，但他毫无领导做派，事必亲力亲为，力求完美。他带领部下一行至我公司亲自监稿，吃盒饭、睡沙发的情景，至今我仍历历在目，实在钦佩。另一方面，燕木兄做事分明，有主有次，拥有极高的原则性，他在处理事务时，总是以大众需要为先，以组织利益为重，甚至为了协会事宜推掉私人要会，辛苦奔波，也在所不辞！

接触愈多，愈知燕木兄之优秀。他工作之外还热心社会公益事业，积极投身社会慈善，并且擅长发动身边人士一同行动。他的付出，为无数困境者带来帮助的同时，亦为社会所铭记。

诸多珍贵品质集于一身。因此，燕木兄的成功，他所获的每一个赞誉，都是必然，他的成就也人所共知。从火车修理工到家具大王，从大学教授到商界传奇，他的故事，无时无刻不在激励他人！

我与燕木兄之间，亦师亦友，建基立业路上，我们常互为勉励、扶持，实不可多得！今天我看到他将个人的奋斗史以及多年的企业管理哲学、经验、心得一并总结为书，无私分享，感到难能可贵的同时，我也为此感到相当激动。我相信，这份精神食粮，将激励越来越多的人投身所爱事业，并坚持培养自身优秀品质，以此为人处事，省身立业，获得成就！

行业领袖　床垫教父

中国家具销售商联合会　荣誉会长
北京欧品家居　总经理

蒋学顺

1997年秋季家具展期间，认识了运时通家具集团董事长陈燕木先生。当时的陈董已有领袖风范，讲话极具号召力，并具国际视野。由于他的个人魅力，第一次来到了大岭山运时通家具工厂参观，当时我也只是抱着看看的心态，并没做经销代理的准备。

1997年的运时通初具规模，设备先进，无论生产环境还是办公区域都整齐干净有序。管理层台湾人很多，对客户热情周到，明显感到这个企业与大陆其他家具企业不同，有活力有新鲜感。但真正促使我下决心与运时通合作的原因却是我在厂房里发现的几条标语：“健康睡眠新概念”“健康睡眠中心”“建立中国睡眠新秩序”等。这些口号在那时是崭新的，是不曾听过和见过的，有些让人振聋发聩。我面对这些标语，深刻感受到这个企业、这个老板的理想追求和雄心抱负。同时也隐约感受到：“健康睡眠中心”是一个全新的消费理念。1997年的中国家具市场，床垫只是床的附带品，有就可以了，没什么软硬好坏之分，很多小城市和农村还睡在炕上，也就是说大多数中国人还没有享受过健康睡眠舒适睡眠的快乐。

陈燕木先生“健康睡眠中心”概念的提出，首先体现了对人性的尊重，对人们身心健康的关注，提供健康舒适的睡眠产品不仅体现企业的社会责任，更将成为巨大的市场需求，引导消费将使企业的发展空间更大。作为一个经销商，我当然也看到了广阔的市场前景。我接受这样的观点，我欣赏这样的企业文化，也接受这样的使命，于是1997年11月底，中国第一家德国美得丽“健康睡眠中心”在北京开店了。陈老哥深夜冒雪到京指导培训。

十八年过去了，这个店稳步发展，越来越好，已经成为了北京消费者心目中的名牌，很多家庭三代人都在使用运时通的产品，给予其信任和赞赏。

十几年来，中国健康睡眠行业已由部分企业发展成为了一个重要产业，中国的“健康睡眠中心”已开遍大江南北。回顾过去，我们应该确认：运时通企业及陈燕木先生是中国健康睡眠产业的开创者，“健康睡眠中心第一人”，名副其实的“行业领袖”“床垫教父”！

不断自我“踢醒”的领袖

汇智教育机构　总经理

李金辉

2014年下半年，一个63岁的瘦高男人走进了汇智教育“教练型领袖”的修炼课堂，这是目前“汇智教育”接收的年龄最大的学员。这个人就是运时通控股集团董事长陈燕木先生，大家都称他为“木哥”。

很多导师和教练担心一个63岁的人是否接受得了课程非一般的训练，然而这个坚强倔强的老人却用激情印证了一个拼搏的不老传说。而且陈燕木用他的创新精神，将课程三阶段名字英文“Technology in Action（T-ACTION）”翻译成“踢醒”，他不断“踢醒”自己而内省，自我超越！

当我一口气读完这本《床垫教父陈燕木》初稿时，再一次深深地感动了。一个出身寒微的台湾小农村的男孩，经过几十年的拼搏，一举成为中国床垫的教父，在中国家具史上是可以写下重重的一笔。青春不是生命的时段，而是一种心态；青春不是玉面粉唇，而是奋斗的豪情、坚强的意志和无限的可能性。陈燕木在修炼领导力期间的澎湃激情印证了他拼搏的生命。

青春是一种锐气，是勇敢战胜懦弱，拼搏压倒安逸，担当击退苟且，承诺盖过城府，负责胜过猥琐，付出羞辱自私。这种激情在20岁小伙子身上有，在60岁老者身上一样有，在陈燕木身上甚至更加强烈。他不断自我超越，改变心智模式，建立共同愿景，带领团队学习，发挥系统思考。一个人容颜可以老去，然而理想如果丢弃，才是真正堕入暮年；头发可以花白，然而激情退去，灵魂就真的衰老了。陈燕木虽然已年过花甲，却依然保持着美好的梦想、永不泯灭的童心、求知的渴望和拼搏的热忱。

这就是一个在谱写着青春之歌的陈燕木——台商企业家的楷模，一个永远拼搏的领袖。

附 录

健康睡眠，美梦相伴

床垫教父的“身、心、灵”

睡眠=健康=财富

这句话告诉我们，无论你多么富有，身体健康永远是最重要的。想要拥有健康的身体，选择一张好的床垫，获得充分舒适的睡眠，是非常重要的一件事。

妈妈的肚子是你我的第一张好床

孩子的诞生是由于爸爸的精子和妈妈的卵子，结合成为受精卵，进而形成胚胎，在妈妈的子宫孕育成长，最后诞生。我们每个人都应该感谢自己的爸爸、妈妈，我们在妈妈的子宫里陪着妈妈怀孕十个月。在这十个月里，妈妈给我们胎教，用心灵与我们对话、教育我们，透过脐带的相连，母子连心，并将养分运送给我们。

我们应该竭尽所能地孝顺妈妈，因为妈妈的伟大，让我们能在妈妈的肚子里孕育成一个新生命，所以妈妈的肚子是我们的第一张床。第二张才是我们现在所躺的床。床垫的制造商都应该要更加感谢妈妈的辛劳，“妈妈的肚子是你我的第一张好床”，充分的感谢，才能制造出更多优质的好床。

健康睡眠的人生

人的一生中，将近三分之一的时间是用于睡觉的。刚出生的婴儿几乎每天要睡12个小时；即使成年后，每天至少要睡六七个小时。因此睡觉是人类必不可少的行为。这一点似乎已为人们所接受，但是，至今还不能确定地回答人为什么要睡觉的问题。

普遍的观点认为睡觉是为了消除身体的疲劳，修补一天劳累的耗损。但实际上，消除疲劳并不是睡眠的首要目的。在睡眠的最初数小时内，大脑基底部的脑垂体会释放出大量的生长激素，这种生长激素能促进体内蛋白质的代谢，从而促进体内组织的生长和修复。

世界上有几位知名的睡眠大师都很长寿，这与他们重视自己的睡眠需求有关。最早发现快速眼动期的睡眠医学界之父克莱特曼（Kleitman）直到104岁才辞世，而他100岁时还出席国际睡眠医学年会并发表演讲；他的学生狄曼特（Dement）也活到80多岁，至今仍然十分健康。在国内，许多看起来比实际年龄年轻20多岁的国宝中医，他们都奉行规律作息与充足的睡眠，并强调具有优质睡眠质量的生活有助于人体新陈代谢、细胞修复、增强记忆力、增强免疫力之效。在中国，一直以来老祖先有关养生秘法的智慧结晶皆十分讲究睡眠的质量、规律以及效果，尤其强调睡眠对于肝胆心肺肾在每个时段的保养之效，睡眠正常的人才可以达到气血阴阳平

ISPA
INTERNATIONAL SLEEP
PRODUCTS ASSOCIATION
Supplier Member

运时通是国际睡眠产品协会的优秀会员

衡，远离疾病与延迟老化。现行许多医学界的研究亦证实了睡眠与免疫功能、肥胖、糖尿病、高血压及心血管疾病等具备密切的关联性。

美国在20世纪50年代曾进行了一次涵盖百万人以上，为期六年，大规模死亡追踪调查，发现所有可能因素当中，“睡眠时间的长短”与“死亡率”之间具有最高的关联性。睡得太少或睡得太多的人（每晚只睡四小时或更少；或是睡九、十个小时甚至更长的人），其死亡率明显高于平均睡八小时左右的人。芬兰也进行过类似的研究，在1600位36—50岁的成年人中，睡眠质量差的人出现健康问题的概率，比起自认为睡眠质量不错的人，多出3—6倍。由此可以知道良好的睡眠质量与习惯对我们的重要性。

248原则

248原则是指我们一天当中花在各个地方的时间。因为时间有限，我们只会花2个小时在餐厅或是餐桌上吃饭，每天回家的重点就是在客厅的沙发上和家人聊天，培养感情，但最多也只会花4个小时。但我们试想，我们每天晚上要睡8小时，所以床垫的重要性相较于前两项是更加明显的。从这里我们可以知道，睡眠文化比餐厅家具及客厅家具更加重要。我们应该要对自己好，而不是对别人好。对自己好就是买一张好床给自己睡，但对别人好则是买沙发让别人坐。所以选择一张适合自己的床，才是真正对自己好。

打破睡眠的迷思

迷思一：人可以不睡觉吗?

关于睡眠的重要性，目前有好几个理论可以解释，其中一个理论认为睡眠是为了身体休息，减少能量消耗。在睡眠时，身体耗损的细胞会开始进行修补。而只有在进入深睡期（非快速眼动期NREM）的时候，随着脑波越来越慢，渐渐进入深睡期。深睡期对身体的修复很重要，人如果有足够的深睡期睡眠，睡醒时就

运时通致力于提升国人睡眠健康，积极研发天然床等最新产品

会觉得身体获得了足够休息。

迷思二：一天睡多久最好？

每个人受基因的影响，需要睡几个小时都不太一样。平均而言，睡眠时间大约是7—8小时。睡眠时间究竟要多久，不仅仅取决于个人需要，还来自社会环境的影响，所以最好的标准取决于你平日睡眠之后的感觉，是否精神良好，身体感觉很轻松，日常生活不受影响。睡眠的好坏，与睡眠环境关系密切，一般而言在15—24℃的温度中，可获得安睡。另外，睡眠时间一般应维持7—8小时，但不一定强求，应视个体差异而定。

迷思三：不同年龄对于睡眠有什么需求？

一般而言，小孩子需要比较多的睡眠，这是由于他们的身体与脑细胞正在成长。刚出生的婴儿一天当中大部分时间都在睡觉，而且有较多REM周期。随着年纪愈来愈大，睡眠时间会愈来愈短，18岁以后一直到老年，所需要的每天睡眠总数是差不多的。很多人以为老年人不用睡那么久，其实是因为老年人睡眠较浅，睡眠容易被打断，因此白天就常打盹补充睡眠。

迷思四：早睡早起健康吗？

早睡早起比较健康，这对中年以上的人来说是好的习惯，符合中年以后褪黑激素愈来愈早分泌，所以就会倾向愈来愈早睡早起。至于熬夜会不会伤身体也要看状况，如果你的睡眠时间跟社会习俗不同，就可能会影响到睡眠质量，进而可能伤害身体，造成健康问题。所以不管是否早睡早起，睡眠过程不受干扰、能顺应自己的生理时钟是最好的。

迷思五：长期睡眠不足会发生哪些后果？

睡眠不足最明显的后果是导致白天的表现很差，甚至发生意外。长期睡眠不足会导致注意力不集中、影响免疫力、血糖控制较差等情形。对小孩而言，睡眠不足会影响小孩的生长荷尔蒙，因为小孩的生长激素是在睡眠的前三分之一期间分泌的，所以深睡期不够的时候，就无法分泌充足的生长激素。因此，充足的睡眠除了精神上的满足，对身体健康上的影响也很大。

迷思六：老是睡不饱，是生病吗？

经常感到睡不饱，有可能是嗜睡所引起的。嗜睡并不是一种疾病，而是睡眠障碍反映出来的症状。最常见的原因可能是“睡眠呼吸中止症”，因为睡眠打鼾缺氧造成呼吸中断，睡眠频频被打断，结果睡不饱。另外，像肢动症或不宁腿症候群，睡觉时脚会有抽动的情形，造成睡眠被中断，容易睡不饱。还有感冒、病毒感染、鼻塞、关节炎、精神疾病、慢性疾病、药物造成的嗜睡等等，都会让人睡得很浅，睡眠易中断，而感觉睡不饱。

迷思七：睡午觉好不好？

根据国外的观察，小孩子需要睡午觉，而且年纪愈小，需要睡觉的次数就愈多，到了小学之后，就不一定要睡午觉了。除了学校鼓励午睡外，其实，正值青壮年的人睡午觉也是相当重要的，就像是部队里面也会强制要求睡午觉。午休一小时的效果，几乎等于晚上两个小时的睡眠时间，这也是为何公司都会有午休及下午茶的时间。根据研究，一个人平均4—6小时若有短暂的休憩时间，将能有效提升注意力与工作效率，也会让生活质量更佳。如果下午容易精神不好，建议可以小睡一下，但最好避免超过一个小时。很多人晚上睡不好，就利用白天“补眠”，其实人类生理时钟并不适宜在白天久睡。午睡只是短时间的闭目养神，略事休息，恢复精神，性质并不同于晚间的长时睡眠。夜间睡眠在黑暗的环境下，人体也会有相应的褪黑激素和皮质醇的分泌。

远离打鼾的妙招

许多人都不知道自己会打鼾，实际上打鼾是很常见的毛病，尤其好发于中年男人身上。当鼻道或喉头部位的上呼吸道不畅通时，就会出现鼾声。在睡眠时，控制舌头和软颚的肌肉放松，气体流经狭窄的呼吸道时，容易随着吸气动作一起振动，发出声音。一般来说，随着年龄增大，咽喉里的组织也逐渐退化，喉部附近的肌肉变得松弛，呼吸道会更加窄缩。因此，人到中年以后，打鼾的概率也随之增高。此外，肥胖的人由于肌肉纤维里堆积了过多脂肪，肌肉特别松弛，也是打鼾症状的好发群。

一般而言，不论男女，愈容易打鼾的人愈容易发生睡眠呼吸中止症（Sleep Apnea）。呼吸中止症通常伴随着洪亮的鼾声，睡到一半时会出现呼吸暂时停止，一般只要睡眠中平均每小时有五次以上的呼吸暂停，就患有呼吸中止症。呼吸中止症除了影响睡眠质量，致使白天昏昏欲睡，睡眠不集中，严重者更可能因血氧浓度降低，导致心肌梗死或脑血管栓塞等问题，中风的好发率也会随之增加。以下介绍10个远离打鼾的妙招：

1. 控制体重：睡眠医学专家指出，减重是最根本的治疗方式。
2. 侧睡：愈容易打鼾的人，往往在仰睡时更容易增加打鼾次数。侧睡时，较可避免舌头滑到后方塞住喉咙。此外，枕头不要太低，这样容易使下颚向上抬，造成以口呼吸，导致打鼾。
3. 少抽烟、喝酒。

4. 睡前避免饮酒、吃安眠药或镇定剂，造成肌肉松弛，导致打鼾。

5. 戴牙套：牙套会撑大呼吸道口，避免呼吸道窄缩所引起的打鼾。

6. 经常深呼吸，保持鼻道畅通。

7. 经常微笑，有助于伸展舌头肌肉，可减少打鼾。

8. 唱歌：唱歌有机会锻炼到声带附近的肌肉，让松弛的肌肉变得更有弹性。

9. 呼吸辅助器：如上述做法还是无效，睡眠时可以戴上鼻罩，借助呼吸辅助器的协助，也是不错的方法。目前最常使用的方法是“鼻腔连续呼吸道阳压”（CPAP）。这种呼吸器利用持续性正压，将空气送进鼻咽，当咽喉内的气压足够时，就能撑开狭窄的呼吸道，有助于改善呼吸困难现象。

10. 外科手术：如果打鼾情形相当严重，有些医师会采取侵入性开刀治疗，将鼻喉之间的软组织切除或收紧。

睡眠的两种状态与四大阶段

人的正常睡眠状态分为两种：

一是非快速眼动期NREM，特点是脑电波呈睡眠表现，肌肉活动较清醒时减弱，不伴随剧烈的眼球运动。非快速眼动期又可分为四个时段：Ⅰ、Ⅱ、Ⅲ、Ⅳ非快速眼动期。其中Ⅲ、Ⅳ时段又合称为慢波睡眠，因为睡眠程度很深，所以又叫深睡眠，是十分有意义的睡眠时段。

二是较为特殊的快速动眼睡眠期REM，虽然它仍属于睡眠阶段，但与非快动眼睡的差别不亚于睡眠与醒觉的差别。

在两大睡眠状态下，人类睡眠又可以按照熟睡程度分为下列四大阶段：

1. 浅睡期（Ⅰ非快速眼动期）：特点是清醒状态和睡眠状态的过渡。在这个阶段身体活动减缓，比较容易被唤醒。

2. 中度睡眠期（Ⅱ非快速眼动期、身体休息期）：大部分睡眠时间处于这个阶段。特点是帮助身体恢复体力和精神。

3. 深度睡眠期（Ⅲ、Ⅳ非快速眼动期、脑休息期）：身体，特别是脑开始处于极度放松的状态，大约维持30—40分钟。

4. 快速动眼期：做梦、心跳加快。脑部开始对前一天发生的事情进行记忆和信息的重整。

综上所述，睡眠包括非快动眼睡眠及快动眼睡眠，非快动眼睡眠期又分Ⅰ、Ⅱ、Ⅲ、Ⅳ期睡眠，Ⅰ非快速眼动期即为浅睡期，Ⅱ非快速眼动期即为中度睡眠期，Ⅲ、Ⅳ非快速眼动期即为深度睡眠期。综合以上所述，可见睡眠阶段于下图：

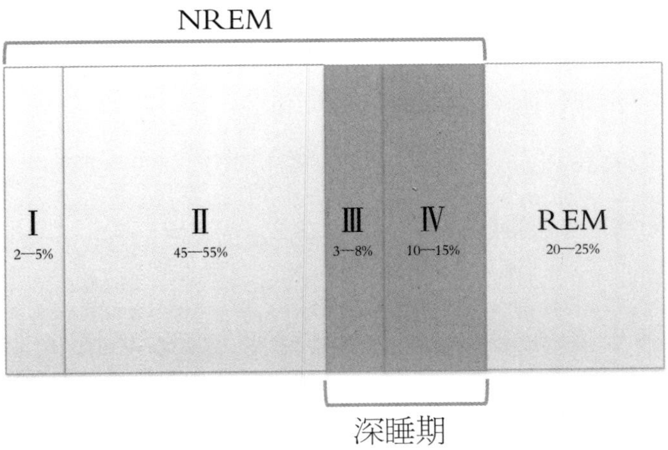

睡眠阶段示意图

对睡眠两种状态与四大阶段的详细说明如下：

1. 睡眠时先进入非快动眼睡眠期。

2. 快动眼睡眠期与非快动眼睡期大约90分钟变换一次。

3. 前半夜主要为非快动眼睡眠，后半夜快动眼睡眠出现较多。

4. 入睡后醒觉时间不应该超过总睡眠时间的5%。

5. Ⅰ期非快动眼睡眠一般占2%—5%。上床以后，首先经历的是身体松弛但头脑还清醒的入睡前阶段。其后进入NREM睡眠Ⅰ期。睡眠正常的人，Ⅰ期睡眠持续约0.5—7分钟，便进入NREM睡眠的Ⅱ期。

6. Ⅱ期非快动眼睡眠一般占45%—55%。在此阶段，会有酣畅感觉，带来心理的满足感，多出现在后半夜，具有增加积极学习、创造力的功能。

7. Ⅲ期非快动眼睡眠一般占3%—8%。在NERM的第Ⅲ及第Ⅳ阶段，是属于深睡期。这个阶段对脑部有非常重要的机能，它可以修补脑部受伤的组织。

8. Ⅳ期非快动眼睡眠一般占10%—15%。属于深睡期。这个阶段对脑部有非常重要的机能，它可以修补脑部受伤的组织。

9. 非快动眼睡眠总共占整个睡眠期的75%—80%。

10. 快动眼睡眠占睡眠期的20%—25%，每夜出现4—6次。大脑中的资料会在REM睡眠中被补充与增强，在睡眠时将旧的信息重新整理保存，以便清醒时能更有效地吸收新的信息。

11. 从第二个REM睡眠起到早晨醒来为止，成人的NREM睡眠第二期与REM睡眠大约每隔90分钟交替一次，儿重的交替周期要短些，只有60分钟左右。第四期 NREM睡眠主要发生在前半夜，后半夜第三期及第四期睡眠时间越来越少，到后来只有第三期睡眠而没有第四期深睡。从REM睡眠来看，第一次REM睡眠阶段以后，两次REM阶段之间的时间间隔逐渐缩短，而每次REM睡眠持续时间却逐渐延长，REM睡眠的生理及心理表现也越来越明显。一夜之内总共出现4—6次REM睡眠，一次平均约持续15分钟，有时可长达一小时。

如何选好床

选择一张让"身、心、灵"放松的好床

一张好的床垫，并不一定在于它的价格有多高，或用了多么高级的衬材，而是这张床垫可以达到让您放松的效果，符合您睡眠的习惯，并在睡眠过程中不受到干扰达到深沉睡眠，让您的"身、心、灵"全面彻底放松。

选择一张好的床垫，支持你每一个梦想

Q床，睡出辉煌中国梦

华人世界过去都是睡稻草、木板、棉被等，床垫是洋人的产物、外国人的东西。全世界75亿人口，为何白人、黑人比我们黄皮肤的人要长得高又壮？除了饮食方面的差异之外，影响更多的因素是他们的睡眠质量比我们好，他们的脊椎能够得到充分的休息。我们亚洲人生活步调快速，压力繁重，无法像外国人一样放松地沉睡，所以我们的个子相对于外国人矮小许多。睡眠产业就等于欧美产业，因为欧美国家能塑造出符合人体曲线的床垫。中国人要尽快赶上欧美世界，除了政治、经济发展之外，睡眠的质量和文化也应该加紧脚步。中国有14亿人口，约占全世界人口的20%，因此，我们必须把提升中国人的健康，作为企业发展的使命

与目标。中国人的健康提升了，经济才能够随之更加强盛，所以我们应该要学习外国文化，透过一张好的Q床，符合身体、身材以及体重变化的好床，才能成为世界最强的民族，创造辉煌中国梦！

选床的四大要素

一、年龄

人类在成长的过程中，会历经孩童、中年到老年各种不同的时期，因为年龄层的不同，我们的骨骼发展状况也就不一样。因为小孩还在骨骼的发育阶段，所以适合睡硬床；而中年和老年人则适合睡Q床，才能够顺应成年人的身形变化做调整。即使床垫在长期使用下没有任何损坏，也应该要随着我们年龄的变化，将我们的床汰旧换新。

二、体重

不同的体重，也应该选择不同类型的床垫。50公斤或是120公斤的人睡在不同的床垫上，回弹的压力也不一样。太重的人不适合睡太软的床，因为床垫无法支撑这样的重量，会导致血管互相挤压，而影响健康。太轻的人则不适合睡太硬的床，这样会造成床垫无法随着身形的变化而下沉上升，最后反倒是压迫自己的血管。所以当我们在睡觉时，应该要使血管的截面积100%让血能够流过，一旦血管受到挤压就难以入眠，而最后影响到我们的健康。

床垫的质量决定健康的质量

三、身材

丰满或是身材高大的人，都应该要懂得选择适合自己的床。丰满就像是玛丽莲·梦露一样，身材曲线凹凸有致，在选择床垫的时候，应该要特别注意如何选择一张不管是趴睡、仰睡，都能完全贴合床面，不让血管受到挤压的好床。对于身形较高的人来说，选床有一个公式：“身高＋20厘米＝床垫尺寸”。例如180厘米的人，就要选择200厘米的床垫。大陆市场的床垫通常都是2米左右，这是因为大陆人的平均身高是1米7；而美国市场的床垫则是212厘米左右，同样的道理，212厘米扣掉20厘米后，还有192厘米，美国人的平均身高刚好在185厘米，因此床垫尺寸的设计也是处处充满学问。

四、睡眠习惯

每个人都有不同的睡眠习惯，有的人习惯侧睡，有的人习惯仰睡，也有的人习惯趴睡，就是因为有各种不同的睡眠习惯。所以当我们在选购一张床垫的时候，更要特别考虑到上面四种选床的要素，才能为自己找到一张最适合的好床。

舒适床垫的真正意义

在许多人的观念中，硬的床垫等于好的床垫。我们会认为硬的床垫会较好，因为这令我们感到身体受到充分的支撑。但事实上，太硬的床垫往往会切断我们

弹簧是床垫的心脏，决定床垫的支撑性与耐用性

床垫教父关心您的肩·腰·臀

Take Care Of Your Sholder, Waist & Buttock

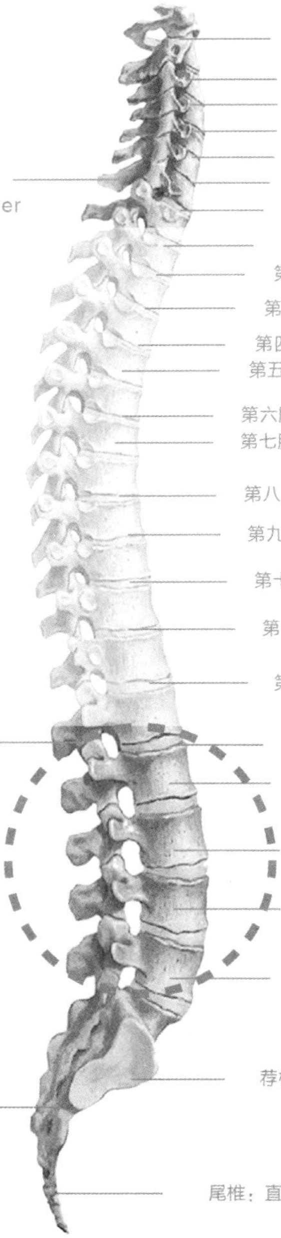

的血液循环，迫使我们整夜在无意识中反复翻身，而翻身次数越多，也代表着我们的睡眠质量受到干扰。如何有效“支撑身体”并达到“舒适效果”是达到健康睡眠的重要因素。一般来说，具有软硬度适中的弹簧与合适的内材层，可以满足我们的睡眠需求（当然，软硬度需求是因人而异的）。

睡眠博士Dr. Karheinz Nier在其睡眠哲学中指出，减轻及预防背部问题最有效的方法就是多做自然运动，即使在睡眠中也是一样。一张好的床垫让您在睡眠时也能保持健康的姿势。运时通即特别重视睡眠的基本功能，根据身体结构的不同，研发出各种适合人体睡眠的内部支撑物，在肌肉放松的同时，每个关节也会随之放松，使您不受拘束。睡眠系统在睡眠中也会有自然运动现象，它们以点状伸缩的方法支持着脊椎，接近摆动的状态，借此可防止身体部分的反射障碍，促使您在睡眠中的律动，达到健康睡眠的高质量诉求。

我们常常可以看到坊间充斥着弹簧床垫，然而对于床垫的内材以及床垫的相关知识知道得少之又少，甚至曾经有报道关于黑心内材的消息，更使消费者人心惶惶，因此如何挑选一张好的床垫，是需要学习的。在此，将如何挑选一张适合自己床垫的过程分享给想要得到舒适睡眠的您，供做参考：

一、床垫外观

观察床垫的外形是否完整，外形是否美观大方，不露毛边、浮线，四周圆弧要均匀对称，没有钢丝露出。这是床垫质量的最基本要求，如果外观具备以上瑕疵，则除了代表产品质量堪虑外，使用久了甚至会有床垫容易变形等疑虑。一般来说，较具规模的厂商，都会将弹簧经过热处理，使具备10年的耐用性。此外，会在床垫四边或周围围上高密度泡棉以起到保护效果，还可以让使用者睡眠时降低翻身至床边缘而掉下去的可能性。

二、闻起来的感觉

闻气味，闻床垫有没有异味或你不喜欢的气味，有没有化学物的刺鼻气味。一般来说，床垫内材中都会有泡棉、乳胶等素材，由于一般泡棉是使用石油经过化学过程所生产，如果遇到泡棉所挥发的臭味及有毒物质，长期躺在上面会造成身体很大的伤害。购买床垫时，最好观察床垫厂家有无提供纯净无污染的材料相关认证。一般来说，采用棕榈油所制成的泡棉不仅自然纯净，生产过程中对环境无污染，泡棉也对人体无害；天然材质床垫如马毛床、乳胶床垫则带有天然的气味，对人体无害。

三、按压床垫听听声音并用手感觉

用手按压床垫，听听弹簧是否有摩擦声，好的产品没有明显的弹簧摩擦声。而独立筒弹簧的应用更可减少弹簧间的摩擦。用手按压床垫时，须注意以下事项：

1. 感觉一下回弹力，质量好的床垫手感舒适，不会太松软或太坚硬，回弹性能佳。
2. 用手试试面层用料，手感舒适，无粗糙感，床垫干爽。天然蚕丝面料亲肤性良好，竹纤维面料透气性好，有较强的耐磨性。
3. 用手轻压床垫四周四角，看边角是否有弹性，好的床垫会在四周加固，防止边缘因多坐而塌陷。

四、试躺

以身试垫，最简单的方法就是亲自躺在所选购的床垫上试一下，先作仰卧，最好是感觉到腰背部都能贴着床垫，让床垫充分地承托着，自觉舒适、稳实；如果床垫太坚硬、弹力性差，平卧在其上，腰部不能贴着床垫，形成一个空隙，可让一个放平的手掌通过，这样的床垫对腰背不能提供体贴的承托，悬空的腰背就不能彻底放松。还有一种情况是平卧全身下坠，腰背变曲，表示床垫太松软，缺乏应有的承托和支撑力，会使使用者睡醒后感到腰酸背痛。“支撑效果”的部分，一般来说，连接式的弹簧具有良好的支撑性。

然而，连接式弹簧会相互牵引，具有弹簧间相互干扰的特性，而独立筒弹簧则可避免相互干扰。多段式的独立筒弹簧设计可以更贴近身体的需求，将身体较重的部位（如臀部）换成较硬的弹簧，充分达到身体每部位的支撑效果（一般而言，常见的有三段式弹簧及五段式弹簧）。此外，试躺时将弹簧床垫反复做按压试验，不容易下陷且回弹迅速可以确保弹簧的质量。

切记，在试躺的过程中，一定要本人亲自前往店家挑选，若为伴侣则建议二人一起前往。这是由于每个人的身材、体型与体重皆不相同，因此所需的支撑效果与舒适感也会不一样，唯独亲自躺在床上感受一下，才能清楚地知道自己要带哪一张床回家，享受最适合自己的睡眠。

五、舒适材质的挑选

弹簧床垫是将面布、各种衬材将弹簧块或独立筒包覆起来，由于经过层层包覆，因此挑选具有通风、防潮、抗菌、防螨等特性的材质除可确保床垫的耐用性外，更重要的是可以使人睡得更健康。

一般来说，蚕丝、羊毛、马毛、骆驼毛都有不错的吸湿性与透气效果，并且给予床垫适当的温度调节；记忆泡棉则是可以提供人体更为完善贴合的支撑效果；而天然乳胶除具备良好的支撑效果外具备，更有抗菌、防螨、自然通风与调节湿气之效。我们知道这些素材都是易燃物品，因此床垫是否经过合格的防火处理是十分重要的，一般来说会给床垫增添防火棉来阻隔火源。透过合适的内材挑选，可以使睡眠更为安心与舒适。

六、品质认证

无论买什么床垫都应该加以注意的是：购买床垫时一定要注意必须符合国家环保和卫生标准，而且由于床垫气味和舒适度需要使用以后检验，所以合同中要保留更换和退货的权利。而床垫的内材部分一般来说我们是无法看到的，选择具备环保、纯净及对人体无害的内材材质是必须考虑的。目前许多国际品牌都有符合这些权威认证所提供的相关质量标章，为避免黑心等对人体有害的材质额外做了一层把关。此外，好的床垫必须有防火安全认证。美国消费者产品安全委员会已从2007年7月1日起对床垫实施阻燃标准——CFR1633，所有在美国销售的床垫都必须达到该标准，否则不允许销售，而这点也是国际品牌床垫使用起来更安心

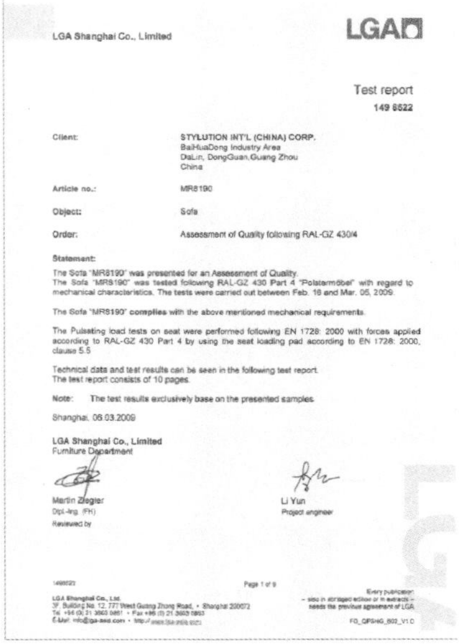

LGA Shanghai Co., Limited

LGA

Test report
149 8522

Client: STYLUTION INT'L (CHINA) CORP.
BaiHuaDong Industry Area
DaLin, DongGuan,Guang Zhou
China

Article no.: MR8190

Object: Sofa

Order: Assessment of Quality following RAL-GZ 430/4

Statement:

The Sofa "MR8190" was presented for an Assessement of Quality.
The Sofa "MR8190" was tested following RAL-GZ 430 Part 4 "Polstermöbel" with regard to mechanical characteristics. The tests were carried out between Feb. 16 and Mar. 05, 2009.

The Sofa "MR8190" **complies** with the above mentioned mechanical requirements.

The Pulsating load tests on seat were performed following EN 1728: 2000 with forces applied according to RAL-GZ 430 Part 4 by using the seat loading pad according to EN 1728: 2000, clause 5.5

Technical data and test results can be seen in the following test report.
The test report consists of 10 pages.

Note: The test results exclusively base on the presented samples.

Shanghai, 06.03.2009

LGA Shanghai Co., Limited
Furniture Department

Martin Ziegler
Dipl.-Ing. (FH)
Reviewed by

Li Yun
Project engineer

Page 1 of 9

LGA Shanghai Co., Ltd.
3F, Building No. 12, 777 West Guang Zhong Road, • Shanghai 200072

Every publication
– also in abridged edition or in extracts –
needs the previous agreement of LGA

FO_QPSHG_803_V1.0

通过欧洲LGA质量检测证明运时通卓越的品质

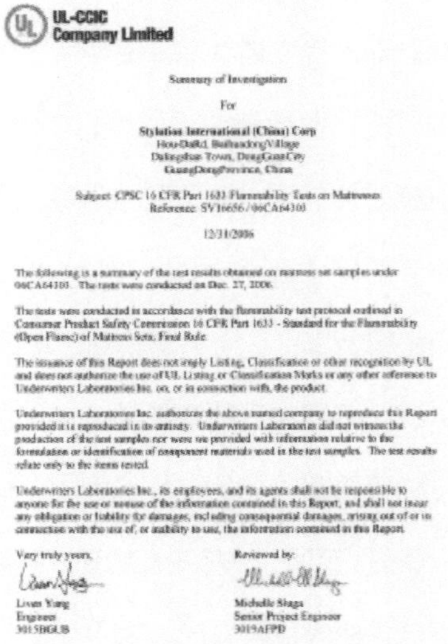

UL-CCIC
Company Limited

Summary of Investigation

For

Stylution International (China) Corp
HouDaRd, BaihuadongVillage
Dalingshan Town, DongGuanCity
GuangDongProvince, China

Subject: CPSC 16 CFR Part 1633 Flammability Tests on Mattresses
Reference: SV16656 / 06CA64310

12/31/2006

The following is a summary of the test results obtained on mattress set samples under 06CA64310. The tests were conducted on Dec. 27, 2006.

The tests were conducted in accordance with the flammability test protocol outlined in Consumer Product Safety Commission 16 CFR Part 1633 - Standard for the Flammability (Open Flame) of Mattress Sets, Final Rule.

The issuance of this Report does not imply Listing, Classification or other recognition by UL and does not authorize the use of UL Listing or Classification Marks or any other reference to Underwriters Laboratories Inc. on, or in connection with, the product.

Underwriters Laboratories Inc. authorizes the above named company to reproduce this Report provided it is reproduced in its entirety. Underwriters Laboratories did not witness the production of the test samples nor were we provided with information relative to the formulation or identification of component materials used in the test samples. The test results relate only to the items tested.

Underwriters Laboratories Inc., its employees, and its agents shall not be responsible to anyone for the use or nonuse of the information contained in this Report, and shall not incur any obligation or liability for damages, including consequential damages, arising out of or in connection with the use of, or inability to use, the information contained in this Report.

Very truly yours,
Livan Yang
Engineer
3015BGLB

Reviewed by:
Michelle Shaga
Senior Project Engineer
3019AFPD

荣获美国UL防火实验室CFR1633国家防火认证

的原因。人的一生有三分之一的时间在睡眠中度过，因此睡得舒适、安全与否直接决定了生活的质量。挑选一张适合自己的好床，为家居安全增添一份保障。

挑选床垫小诀窍

人一天的睡眠时间大概是6—8小时，可说是占去了一日生活的1/3，在这段不算短的时间，我们可以选择置身天堂或是地狱。换句话说，除了我们的手机和计算机之外，床垫在我们日常生中也扮演着重要的角色。

专业的床垫专卖店，通常都会提供一段“鉴赏期”，让消费者有足够的时间确认床垫是否适合自己。我们可以经由试躺来感受材质与舒适感，仔细检视使用的材质并询问制造的过程，帮助我们挑选到适合自己身形及睡眠习惯的床垫。

什么样的床垫才是一张好床垫呢?

一、全方位的支撑

预防医学专家认为，最佳的睡姿应该要和站姿相同。具有良好支撑功能的床

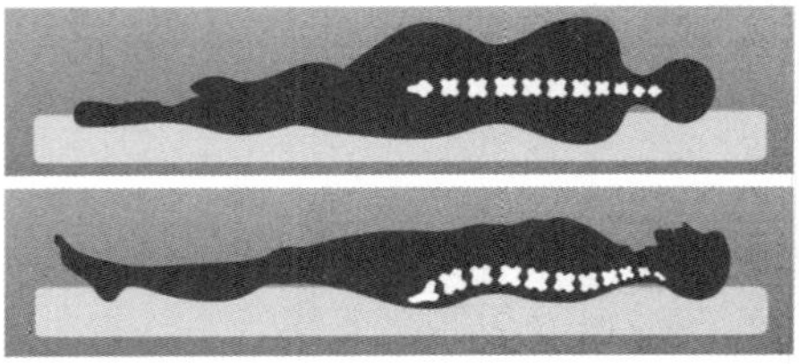

站立与平躺曲线一致化，打造一个属于你的舒适睡眠

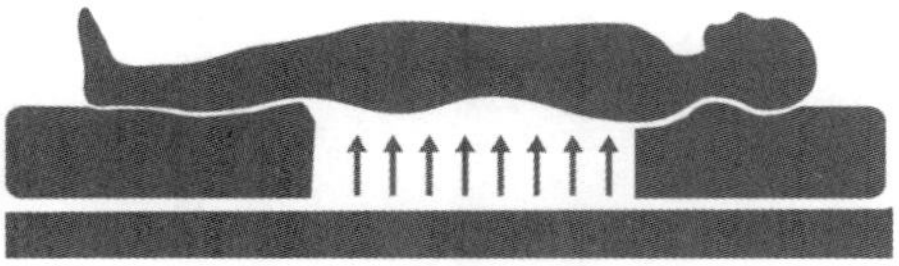

专利——护背线结构，为你打造完美睡眠

垫，在给予身体全面支撑的同时，也能将脊椎维持在站立姿势的位置；只有在脊椎保持自然的曲度时，肌肉才能真正放松。目前各大知名国际床垫品牌都有针对人体工学，设计在医学上合适支撑性的弹簧。选择三段式、五段式的弹簧，或是有中位护背线等中央护背效果的床垫，更可以有效给予头肩颈臀腰腿部位最合适的支撑效果。

二、站立与平躺曲线一致化

脊椎，是支撑人体最主要的骨骼结构，神经由脊椎骨节与骨节间的接缝延伸分布到全身各部位，进而控制全身各重要器官。医学专家指出，睡眠或站立时，必须保持脊椎自然的伸展柔度，让脊椎呈现柔和的S形，也就是挺胸及伸直背肌，这是保护脊椎的基本姿势。让一张好床垫，造就您健康的脊椎。健康的脊椎，让您拥有健美的曲线！

三、68原则

所谓68原则，是指扣掉头部和脚的重量之后，剩下身体中间部位的重量是人体全部的68%，这也是床垫真正能够承载的重量。选择床垫就应该选床垫中间三分之一有加强的地方，选择一张能够支撑人体68%重量的床垫。所以我们应该教育消费者，脚和头的重量远远不及我们身体中间的重量，选择一张能支撑我们中间重量的床垫才是好床。举例来说，孕妇肚子的重量比一般人要来得重，所以当女性怀孕时，就应该要换一张床，因为体重变了，床也应该跟着换掉，才能保护小孩的健康成长！

四、选择知名的国际品牌

放眼欧美人士，平均身高190厘米，比起中国人的170厘米足足高出一颗头，体型也比我们壮硕许多。站在国人旁边，欧美人士总是看起来更有活力和精神。其实这跟日常生活有一定的关系。外国人睡的床垫，带给他们舒适与放松，让脊椎不受压迫，能够完全伸展，进而使全身上下都能发育良好，造就高大壮的体格。因此，我们应该学习外国人的睡眠经验，选择欧美品牌的床垫。经由国外品牌百年的人体健康研究经验，改善中国人相对较为弱小的体质，睡出健康与自信。

五、国际五星六星级酒店指定使用

购买一张国际五星六星级酒店指定使用的床垫，也许您会觉得贵，但其实换个角度想，买一张顶级酒店选用的床垫，就等于是将五六星级酒店的顶级睡眠享受买回家。假设一张五星级酒店指定使用的床垫售价为人民币1万元，我们买来后使用10年，每年平均成本人民币1000元，一天实际的花费其实才不到3元，但我们却能享受到五星级酒店每晚价值1000元人民币的奢华享受。选择国际级五星六星级酒店，例如威尼斯人Venetian、喜来登Sheraton、凯悦Hyatt、皇冠Crowne Plaza、索菲特Sofitel等指定使用的床垫，就等于将尊荣奢华与舒适假期带回家。

六、荣获国际大奖的肯定

获得国际大奖肯定的产品，通常是经过专业人士的严格把关筛选，在质量、设计、服务等各方面都出类拔萃者，方能获得殊荣。因此，我们在购买床垫时，若能选择荣获国际大奖肯定的品牌或产品，那绝对是不会错的。例如由美国消费者文摘举办的Best Buy最佳购买奖，就是全美国最具公信力的生活用品大奖。或是由美国女性认证基金会举办的Women Choice Award女性选购奖，也是近年来针对女性消费者商品服务最具权威性的奖项。另外像是一些国际性家具展览会所颁出的设计金奖、创新金奖等，都是相当具有分量的专业性大奖，值得我们在挑选床垫时作为参考依据。

七、抗菌防螨功能

现代社会中的儿童，患气喘及其他呼吸道疾病的比例越来越高，其中90%是由尘螨所引起。虽然家中灰尘有许多物质会引起过敏，但最重要的过敏原来自尘螨。尘螨最喜欢在温暖、潮湿环境中繁衍，最常寄生在床垫、枕头、毯子、窗帘或填充式家具，而家中的床垫是尘螨的最大来源。以国人最常使用的传统弹簧床垫来说，平均每张床垫内含数百万只尘螨。因此，选择一张通风透气良好的床垫，便能获得较多的抗菌防螨效果，保护自己的同时照顾到宝贵家人的健康。

八、耐用不变形

“耐用”几乎是购物的共同考虑，但床垫是一种功能性的产品，所以它的耐用标准和一般的家具不太一样。床垫变形并不容易让人发现，但它对身体造成的微量伤害却不容忽视。使用了一段时间后的弹簧床垫，外表看起来和当初没什么太大的差别，但内部的弹簧很有可能已经失去弹性。

挑选一张经过热处理的床垫，甚至是经过二次高温定型热处理的床垫，便可获得较长的使用期限。经过高温热处理的床垫，内部弹簧平均可增加达30%的寿命，并且弹性更加，是选择耐用床垫的重点参考指标。

九、试躺

一般来说，在舒适程度上，透气度、温度与湿气关乎睡眠质量。具有乳胶、羊毛、蚕丝等天然素材效果都相当不错，也有不少厂家研发新型的泡棉与乳胶，改善床垫的舒适度与透气程度。但选购一张适合自己的床垫，最重要的关键在于“亲身体验”，美国睡眠协会（the Better Sleep Council）提供了试躺时的“SLEEP”原则：

1. 选择欲试躺的床垫。
2. 尝试自己平常的睡眠姿势。
3. 评估各种床垫的舒适度及支撑性。
4. 对各种床垫特性充分了解。
5. 与您同睡的伴侣一起试躺，共同了解。

选择床垫的好伙伴——枕头

选择一张好的床垫固然重要，但是人们也容易忽略睡眠时的另一个重要伙伴——枕头。枕头虽小，却直接影响到睡眠时的颈椎与脑部健康，令人不可忽视。一般人因枕头而造成的睡眠困扰不外乎肩颈酸痛、失眠、头痛与落枕等。要如何正确使用枕头才能得到真正的休息?

首先，从科学角度来说，平躺时的枕头高度，依颈椎角度约15度为颈椎受压最小的姿势，即可达到舒展放松的睡眠。测量方法：平躺时，双手交叉在胸前，脚直角弯曲，翻身成侧躺姿势，鼻子与双手交叉点呈水平线。而睡觉时的翻身动作，是相当重要的一部分，因为人的身体无论是以哪种姿势躺在床上，都会有许多部位因长时间睡眠而受到压迫，此时大脑就会下达让身体改变姿势的指令来减少压迫的不适感。此外，了解自己的睡姿，每个人都有自己习惯入眠的睡姿，平躺、侧睡、趴睡，此时枕头的选择就显得更重要了。

选择枕头需要注意几个部分：

一、高度

太高，头比心脏高容易造成颈部与肩膀酸痛，且咽喉容易受阻而打鼾；而太低则容易造成头部下陷，增加颈部负担并减少血液流往脑部。较合适的位置则是与站立姿势身体的部位相符为佳。

二、软硬度

太硬的枕头会使头与枕头的接触面积减小，压力增大；枕头过软会使头部凹陷在中间，影响血液回流，使头部麻木。枕头需要好的回弹性以及支撑度，才能支撑头部的重量并且有效减轻压力。

三、材质

兼具支撑、回弹性以及天然舒适的乳胶材质拥有以下特点：

1. 多孔开放式连续气泡结构，造就特殊的舒适、柔软触感。

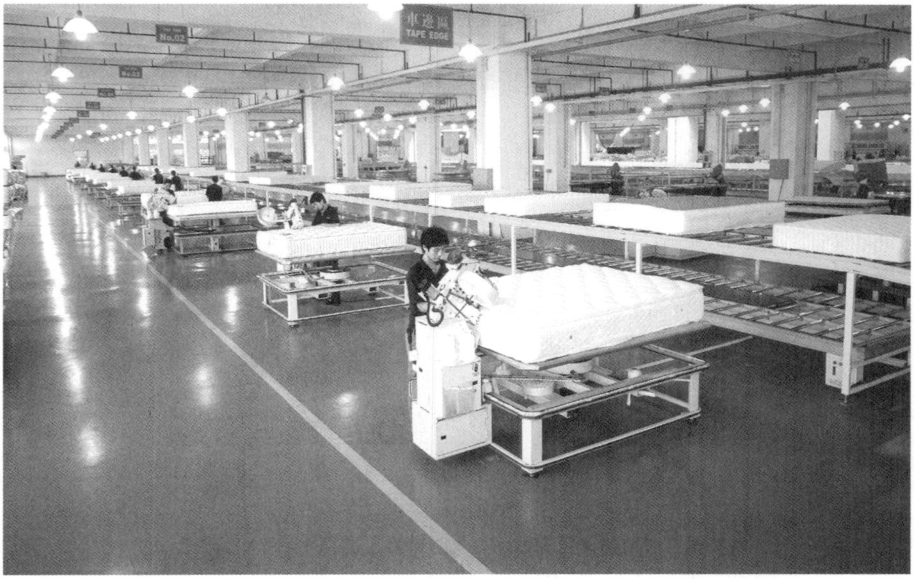

中国最先进床垫自动化生产线

2. 柔韧有弹性、回复快、不易变形，拥有服贴、释压、支撑的舒适感。

3. 缓和冲击、减少振动，维持低干扰状态。

4. 防霉、抗菌，可减低过敏。

另外，采用冷凝胶技术的冷凝枕是近年来的热门产品。冷凝胶能明显降低人体睡眠时所产生的热气，有效改善闷热不适的状况，让使用者能够安享整夜无中断的深层睡眠。

只要了解自己的睡眠习惯，选择适合自己材质及软硬的枕头，就可以不用烦恼这些问题，让您睡得舒服又自在，一觉到天明。

睡眠关乎健康

睡眠健康论

生、老、病、死，是我们所有人的必经历程。人生在世，之所以会有疾病与老死，其实都是因为忽视营养，或是过度疲劳，使身体上某些功能发生故障，进而导致新陈代谢所产生的能量不足以维持人体消耗，导致产生病老的现象。如果再不重视这种身体的故障，不能及时排除障碍，最后终将走向气绝而亡的境地。

选择一张舒服的床垫，迎接每一个完美早晨

有鉴于此，睡眠养生是必不可少的，可说极其重要。睡眠养生具体是指通过充足、高效的睡眠，补气、养精、调神，达到保养性命的目的。这对于人类提高生存质量、抗病防衰、延年益寿具有重要意义，是历代所有养生家皆相当重视的一环。诚如清代李渔所著《笠翁文集》一书中所云："养生之诀，当以睡眠居先。睡能还精，睡能养气，睡能健脾益胃，睡能坚骨强筋。"

睡眠养生方法

睡眠养生的方法概略为下面几点：

一、营造舒适整洁的卧室

首先，尽量选用绿色环保型的用品。但凡装潢、家具、家电以及各种生活所需用品，在选取、使用、维护等各方面都应符合现代的环保要求。购买时一定要认真挑选具有环保认证，符合国际或国家标准的产品，尽可能做到整个家中无毒、无害、无污染。

其次，要常保持环境的空气清新。选择有对外窗，或是日照充裕的房间作为卧室，窗户避免过大，且床头绝不能摆在窗下。白天能让阳光直接照在床上，利用天然的紫外线杀光残存在床垫棉被上的细菌。若天气条件良好，尽量开窗让卧室处于通风状态，保持室内空气的清新。同时，也可以选择使用一些净化空气的产品，例如竹炭包、竹炭抱枕、空气清净机等，都能为卧室内空气清净程度加分。

同时，卧室的温度、湿度、安静度都是良好睡眠的基础。一般来说，最佳的卧室温度是18—20℃，而空气中的湿度最好在60%—70%，这样的环境不仅适合人体深度睡眠，更有利于保持床垫本体的卫生状态。安静的环境对于睡眠来说是绝对重要的，在卧室中除了不要摆放复杂的电器设备外，还要在选择闹钟、空调时注意音量的问题。另外，卧室若能远离厨房跟浴室，将会带来更宁静的睡眠体验。

当然，注意卫生是少不了的重要因素。棉被跟衣物都要勤洗勤晒，清洁剂跟消毒剂适量使用即可。同时要提高对卧室污染的警觉性，一旦发觉室内有异味，或是感到精神不振、时常感冒、免疫力下降，要马上对室内环境进行清洁及检测，必要时实时采取应对措施。也可以考虑在家中养花种草，不仅能够绿化、美化环境，带来好心情，更可抵御室内各种有害物质的污染。例如仙人掌能吸附空气中的二氧化碳与有害气体，释放氧气跟负氧离子；芦荟与长春藤能吸收大量对人体有害的甲醛、二甲苯；薄荷不仅能抵抗臭氧，更有杀菌的作用。

二、选择合适的床上用品

床上用品的舒适度，直接且极大影响了睡眠的深度。枕头等床上用品越舒适，我们就能睡得越香甜。舒适的床上用品不仅是居家生活的必需品，更是我们身体与心灵的归宿，说它是我们无比依赖的避风港湾一点也不为过。因此，透过舒适的床上用品，才能打造出优质的睡眠，让我们身、心、灵彻底放松，达到睡眠养生的最终目的。

我们该如何挑选床上用品呢?

1. 挑选符合人体工学设计、软硬适中的枕头，保证头部与颈部的肌肉都能得到充分的支撑，获得适当的放松。因应不同的睡姿，搭配适合仰卧、侧卧、俯卧等各种姿势的睡枕，使得头、颈、脊椎可以保持水平，让肌肉跟神经都能彻底放松。一般来说，习惯仰睡或是侧睡的人，可以选择较硬一些的枕头，而如果习惯趴睡，挑选软一点的枕头会更加舒适。至于枕头填充内材的选择，完全是按照个人喜好。羽毛枕、羽绒枕、乳胶枕、记忆枕、独立筒枕，都是市面上常见的枕头类型，建议在试躺床垫的同时，试一下各种不同的枕头，找到自己觉得最舒适、最钟爱的枕头类型。

2. 最重要的床品，当然就是我们每天都必须躺上6—8小时的床垫。购买床垫时一定要亲自试验，如果有床伴，建议一起去试躺。在试坐和试躺床垫时，要注意床垫在身体离开时的回复性，也可透过膝盖弯曲用力压在床面上，测试弹性如何，弹性不佳或是反弹慢的均不是好床垫。此外，更要平躺在床上，将手掌插入腰和床垫间的缝隙，若手能在缝隙中轻松穿插，即表示床垫太硬；但若手掌能紧贴缝隙，即表示该床垫软硬度适中。除此之外，很多人容易忽略床垫的甲醛污染问题。如果床垫出现甲醛和生物污染状况时，其对人体的危害性将更甚于其他的一般家具。挑选床垫时应注意闻一下是否存有异味，特别是在打开床垫塑料外包装时，一定要注意闻闻是否有刺鼻或是令人感到不适的异味。

3. 正如床垫跟枕头一样，我们也该有专属于个人的棉被。在选择棉被时，要注意棉被的厚薄程度，不同的季节天气应该使用不同厚度的棉被，最好准备春秋被及夏被这两种被子。条件许可的话，还可以选用带有功能性的棉被，例如生态环保、抑菌除臭，或是防螨的功能被。舒适的床上用品为我们提供良好的休息环境，让我们能充分利用人生最重要的三分之一的时间，达到睡眠养生、健康长寿的效果。

三、调整日常作息习惯

现代人因为各种原因，日常作息不正常，导致各种疾病及亚健康状态。因此，我们必须透过以下几种方式，调整我们的日常生活作息：

1. 保证正常的就寝时间。根据《黄帝内经》的睡眠理论，夜半子时（23：00—1：00）是一天当中阴气最重的时候，阴主静，故夜半应该长眠。我们应该在子时以前上床，在子时进入最佳睡眠状态。如果错过夜里睡觉的良辰，细胞的新生将远赶不上消亡的速度，人体就会过早地衰老或是患病。人要顺其自然，跟着太阳走，天醒我醒，天睡我睡。

2. 提高睡眠时的质量，深度睡眠可帮助人体自动调整频率，接收来自大自然的讯号，同时吸收天地之气，保证阳气被滋养，增强体力与精力。

3. 要营造相对安静的睡眠环境，以及空气清新的卧室空间。入睡即静，故我们应该追求安宁的睡眠环境。

4. 调整入睡的方向，也可有效提高睡眠质量。按照地球磁极、磁场的分布状况，建议可按脚朝南、头朝北的方向入睡。这不仅是居家风水，更是有效提高睡眠质量的健康科学。

睡眠能养精养气，能健脾益胃，亦能强筋健骨。睡眠也是一种养生的过程，好的睡眠，首要便是重视睡眠环境，打造居家卧室的优质环境，才是获得优质睡眠的前提，更是达到睡眠养生目的的基本功。

提高睡眠品质，轻松享受深度睡眠

国际健康睡眠研发院

健康睡眠的守护者

2012年10月29日，在素有“亚太最大家具生产基地”“中国家具出口第一镇”美誉的广东省东莞市大岭山镇，国际健康睡眠研发院ISRI正式揭牌启动，预计将为国人的睡眠质量带来全面性的提升。在本次启动仪式中，政界领导、协会领袖、物业高管与业界名流约350名嘉宾莅临典礼现场。中国家具协会理事长朱长岭、副理事长陈宝光、秘书长张冰冰，东莞市大岭山镇委书记詹文光、镇长严继中，红星美凯龙总裁车建新，居然之家总裁汪林朋，月星家居总裁丁佐宏，上海博华展览公司总裁王明亮等贵宾均亲临现场，共同见证睡眠产业的全新里程碑。身为国际健康睡眠研发院的发起与赞助单位，运时通家具集团特别由陈燕木董事长代表，捐赠人民币500万元，作为研发院的运作基金。

国际健康睡眠研发院，健康睡眠守护者

中国家具协会副理事长陈宝光亲笔为“国际健康睡眠研发院”题写院名

ISRI的创立背景

放眼全球，试图整合睡眠产业的协会与机构不胜枚举，例如美国的国际睡眠产品协会（ISPA, International Sleep Product Association），便是享誉全球的佼佼者。该协会迄今已拥有超过50个会员国，近700家床垫业者或相关供货商成为其会员。逐一检视包括ISPA在内的各个相关机构，可发现他们的服务项目及营运宗旨，大多围绕在市场开拓、信息交流与同业权益维护等三项重点，比较像是商会或同业公会等性质，跟睡眠产品的终端消费使用族群并无直接的联结性。

有鉴于此，在创办人、运时通家具集团陈燕木董事长的积极奔走下，加上中国家具协会的高度认同与指导，国际健康睡眠研发院ISRI（International Sleep Research Institute）正式成立，除积极研发各式促进睡眠健康的产品与材料外，更希望能大力向社会大众推广健康睡眠的重要性，同时提升睡眠产品产业的经营能力。透过对终端消费者从睡眠观念上的积极牵引，以及提供产业界各项实质的协助，双管齐下，期望建立一个供需双赢、健康和谐的新时代。

ISRI的任务目标

一、研发推广各种促进人体健康的新型睡眠产品及其素材。

二、透过学术性调研，剖析人类的日常睡眠体验，并研究影响睡眠健康的各种因素，进一步提出相关解决方案。

三、推广健康睡眠的重要性，建立睡眠产品的选择是影响人体健康关键因素的普世价值观。

四、提升睡眠产业于经营管理观念、人员专业培训、设备检测维护方面的层次。

ISRI的组织功能

一、产品研发（Product Development）

研发各项有效促进睡眠健康的新产品。

二、材料研发（Material Development）

开发各式新款的睡眠产品健康素材。

三、设备检测（Equipment Inspection）

协助检验测试各项睡眠产品制造机械设备。

四、学术交流（Academic Exchange）

不定期发表与睡眠健康相关之研究成果与调查报告。

五、人员培训（Personal Training）

举办各式睡眠健康相关讲座与培训课程。

六、训练研究（Training Development）

研究规划睡眠产业从业人员的新型教育训练方式与课程。

七、经营管理（Operation & Management）

不定期举办睡眠产业经营管理课程与论坛。

八、产品展示（Product Display）

对外展示及推广各种新型睡眠产品。

ISRI的组织架构

研发院在名誉院长，现任中国家具协会理事长、亚洲家具联合会会长朱长岭先生的督导下，由拥有35年丰富产业经验，曾任四间美国知名床垫公司总裁的Ed. Scott史考特先生担任院长，并邀请来自日本的平冢裕章Hiratsuka先生、台湾的高义芳博士出任副院长。

中国家具协会理事长、亚洲家具联合会会长朱长岭（右）担任研发院名誉院长，带领睡眠文化改善国人健康使命

名誉院长朱长岭、院长Ed. Scott共同颁发ISRI牌匾

ISRI国际团队致力为健康睡眠创新升级

依照创办人“床垫教父”陈燕木的构想，其下根据组织的任务目标与功能，研发院分为五大所，并分别设立所长与副所长。此五大所为：睡眠产业经营管理所、睡眠产品设备检验所、健康睡眠营销经营培训所、新材料新科技研发所、健康睡眠研究所。透过上下垂直整合，研发院各项功能之综效得以彻底发挥，积极守护全人类的睡眠健康。

中国床垫产业的黄埔军校

创办人陈燕木，自1996年在大陆创办了第一届全国导购训练营，迄今为止已有25届。近二十年来共有5000人以上的学员在运时通训练营结训，并在大陆各地生根发芽。慕思寝具厂长方向国、联邦家私副总张宏伟、楷模家居董事长徐国芳、广州海恩寝具董事长吕传林、东莞源泰家具总经理来艳林和朱志良、佛山梦绮雅家具董事长李飞……从黄埔军校中走出的人才不胜枚举。

中国床垫产业的黄埔军校是睡眠产业的摇篮，创造学员个人事业的高峰，同时也引领中国睡眠文化的崛起，改变中国人对睡眠的认知，让国人的睡眠环境跨入健康、舒适、环保的新时代。

国际健康睡眠研发院

床垫专有名词中英对照表
Terminology Mattress

A. 弹簧 Coil

S/N	中文Chinese	英文English	备注Remarks
1	弹簧	Coil	
2	弹簧块/床网	Spring Unit	
3	内置弹簧	Inner Spring	
4	超弹力弹簧	LFK	
5	标准弹簧	Bonnell Coil (B/N)	席梦思称为 Open Coil
6	独立桶弹簧	Pocket Coil (PC) / Marshell Coil	
7	灯笼型弹簧	Offset	连接线很紧，中间无空隙
8	开放型弹簧	Cosiflex	
9	一条钢/连续弹簧	Miracoil/Superlastic / Continuous Coil	
10	簧上簧	Coil on Coil	
11	簧中簧	Coil in Coil	
12	框边线	Border Wire	5mm / 6mm
13	高密度强化泡棉侧边	Foam Encasement	
14	连接线/发条线	Helical Wire	
15	线径	Wire Gauge	
16	口径	Coil Diameter / Diameter Gauge	
17	内径	Inner Gauge	
18	环数	Turns	6 Turns / 8 Turns

B. 内材 Upholstery

S/N	中文Chinese	英文English	备注Remarks
1	内材填充物	Upholstery	
2	防火棉	FR Barrier	

续上表

S/N	中文Chinese	英文English	备注Remarks
3	防火线	FR Thread	
4	泡棉	Foam/ Comfort Foam	
5	加硬泡棉	Support Foam	
6	高回弹泡棉	HR Foam	
7	波浪泡棉	Convoluted Foam	
8	记忆棉	Visco Elastic Foam (Visco) / Memory Foam	
9	快乐棉	Delight Foam	
10	树脂棉	Hypoallergenic Fiber	
11	石棉	Fiber Pad/Insulater Pad	
12	平衡网	Balance Net	
13	乳胶	Latex	
14	羊毛	Wool	
15	高科技凝胶	Gel Foam	
16	蚕丝	Silk	
17	马毛	Horse Hair	
18	骆驼毛	Camel Hair	
19	不织布	Non-woven Fabric / Unwoven Fabric	
20	止滑布	Non-skid Pad	

C. 其他 Other

S/N	中文Chinese	英文English	备注Remarks
1	上床 / 床垫	Mattress / Bedding	
2	下床	Box Spring / Foundation / Divan	
3	单面床垫	One Side Mattress	
4	床头	Headboard	
5	软 / 硬 / 舒适的	Soft / Firm / Comfortable	
6	床布	Ticking	
7	车花	Quilting	

续上表

S/N	中文Chinese	英文English	备注Remarks
8	边带	Tape edge	
9	跳花	Tack & Jump	
10	吊扣	Tuft	可吊不同花型
11	布	Fabric	统称
12	提花布	Damask	
13	印花布	Printing / Polyester Tricot	
14	针织布	Knitting	
15	毛巾布	Toweling	
16	精仿人造丝	Viscos / Spun Rayon	
17	肚条	Border	
18	床套	Cover	
19	床尾巾	Foot Cover	
20	枕巾	Pillow Cover	
21	枕头	Pillow	
22	护脚	Corner Protector / Corner Guarder	
23	拉链	Zipper	
24	标签	Label	
25	绣字把手	Embroidered Handle	
26	压缩	Compressed	
27	卷装	Rolled	
28	平装	Flat	
29	透气	Ventilation / Ventilator / Ventilated	
30	防虫 / 防螨	Anti-mite	
31	密度	Density	泡棉有不同密度
32	压陷深度	Inspection Loaded Density (ILD)	测试泡棉

D. 尺寸 Size

No.	国家和地区 Countries and Regions	尺寸Size	比例Ratio	备注Remarks
1	美国	97 cm ×190 cm （Twin）	5%	Twin 单人
		137 cm ×190 cm （Full）	10%	Full 双人
		152 cm ×203 cm （Queen）	40%	Queen 皇后
		183 cm ×213 cm （C King）	5%	C King 加州皇帝
		193 cm ×203 cm （E King）	40%	E King 东岸皇帝
2	大陆	150 cm ×190 cm	20%	双人
		150 cm ×200 cm	20%	双人
		180 cm ×200 cm	60%	双人加大
3	欧洲	90 cm ×200 cm	10%	单人
		100 cm ×200 cm	10%	单人
		160 cm ×200 cm	10%	双人
		180 cm ×200 cm	60%	双人
		200 cm ×200 cm	10%	双人加大
4	日本	97 cm ×195 cm	30%	单人
		120 cm ×195 cm	30%	单人
		140 cm ×195 cm	10%	双人
		150 cm ×195 cm	10%	双人
		160 cm ×195 cm	10%	双人加大
		170 cm ×195 cm	10%	双人加大
5	台湾	106 cm ×188 cm 3.5尺×6.2尺	10%	单人
		152 cm ×188 cm 5尺×6.2尺	40%	双人
		182 cm ×188 cm 6尺×6.2尺	30%	双人加大
		182 cm ×212 cm 6尺×7 尺	20%	双人加大